BAEDEKER

100+1 Fakten

Das muss jeder Deutsche wissen.

www.baedeker.com

Verlag Karl Baedeker

INHALT

Grundlagen

1

Basis

Das Grundgesetz für die Bundesrepublik Deutschland wurde vom erstmals am 1. September 1948 zusammengekommenen Parlamentarischen Rat (65 Vertreter der elf deutschen Länder in den drei westlichen Besatzungszonen) erarbeitet. Es trat am 23. Mai 1949 in Kraft.

I. Die Grundrechte
Artikel 1

(1) Die Würde des Menschen ist unantastbar. Sie zu achten und zu schützen ist Verpflichtung aller staatlichen Gewalt.

(2) Das Deutsche Volk bekennt sich darum zu unverletzlichen und unveräußerlichen Menschenrechten als Grundlage jeder menschlichen Gemeinschaft, des Friedens und der Gerechtigkeit in der Welt.

(3) Die nachfolgenden Grundrechte binden Gesetzgebung, vollziehende Gewalt und Rechtsprechung als unmittelbar geltendes Recht.

2

Flagge zeigen

Die Flagge der Bundesrepublik Deutschland oder Bundesflagge ist eine Trikolore aus drei gleichgroßen horizontalen Balken in Schwarz, Rot und Gold mit dem Seitenverhältnis 3:5.

Bundesflagge

Die Farben **Schwarz, Rot, Gold** stammen aus der Zeit der napoleonischen Befreiungskriege Anfang des 19. Jahrhunderts und symbolisieren die nationale Einheit Deutschlands unter demokratischen Vorzeichen.

Bundesdienstflagge mit Bundesschild
(private Nutzung verboten)

Bundesflagge mit Staatswappen
(private Nutzung geduldet)

3

Feierlich

Gesungen wird die dritte Strophe aus dem Gedicht „Das Lied der Deutschen“ von August Heinrich Hoffmann von Fallersleben (geschrieben am 26. August 1841 auf der Insel Helgoland).

Die Melodie entspricht der Kaiserhymne von Joseph Haydn (komponiert 1796/97 in Wien).

Anlässe:

- Bei Staatsbesuchen erklingt zur Begrüßung des Gastes die Hymne des Heimatlandes. Danach folgt die deutsche Hymne.

- Bei Sportveranstaltungen: z. B. anlässlich der Siegerehrung, Spiele der Nationalmannschaften, Eröffnung der Olympischen Spiele

- Bei der Bundeswehr: z. B. beim Gelöbnis oder Großen Zapfenstreich

QR-Code
Link zum Text und Ton der Nationalhymne

3. Strophe

Ei - nig - keit und Recht und Frei - heit
Da - nach lasst uns al - le stre - ben
für das deut - sche Va - ter - land!
brü - der - lich mit Herz und Hand!
Ei - nig - keit und Recht und Frei - heit
sind des Glük- kes Un - ter - pfand.
Blüh' im Glan - ze die - ses Glük - kes,
blü - he deut - sches Va - ter - land!

Stadt
Land
Fluss

4

Positionsbestimmung

Unsere Republik liegt auf dem nördlichen Teil der Erdkugel zwischen dem 5. und 16. Grad östlicher Länge sowie dem 47. und 56. Grad nördlicher Breite.

Der Mittelpunkt Deutschlands liegt etwa 500 Meter nördlich des Ortes Niederdorla im Landkreis Unstrut-Hainich in Thüringen.

Seine geografischen Koordinaten sind:
51° 09' 48" nördliche Breite, 10° 26' 52" östliche Länge

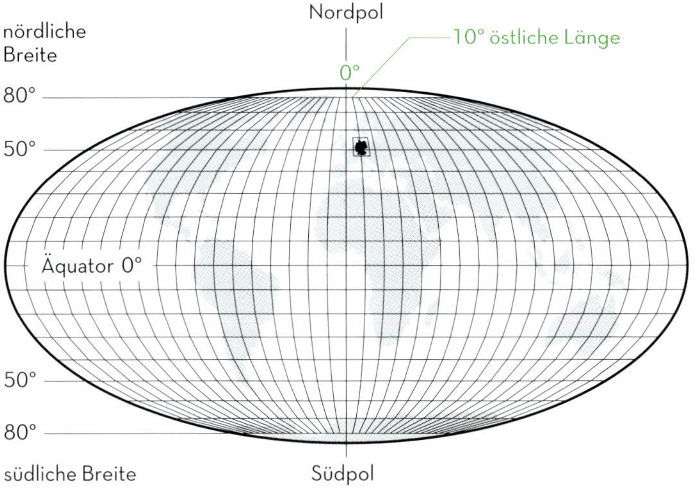

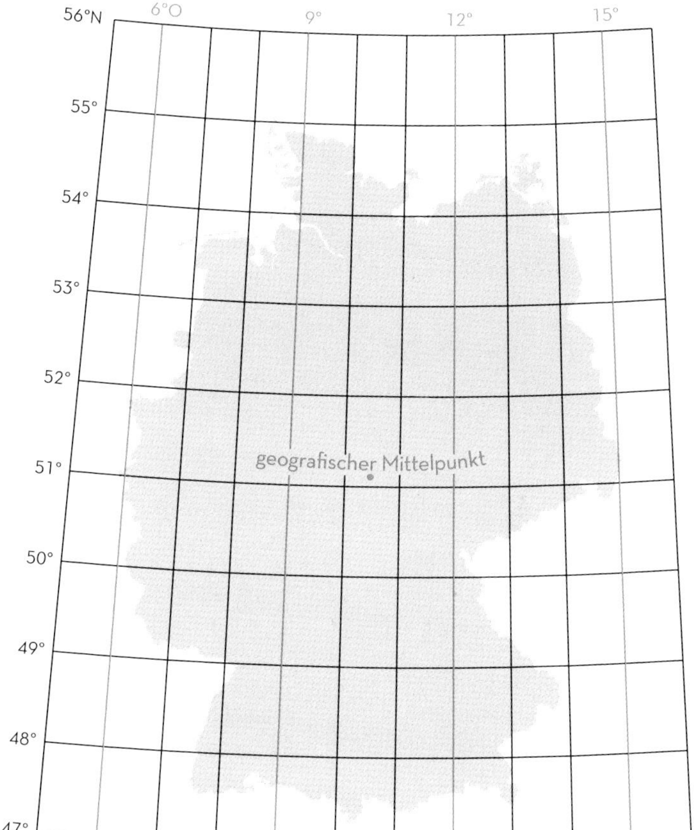
56°N
6°O
9°
12°
15°
55°
54°
53°
52°
51°
50°
49°
48°
47°
geografischer Mittelpunkt

5

16 Bausteine

Die Wappen der 16 Länder

Schleswig-Holstein

Hamburg

Niedersachsen

Mecklenburg-Vorpommern

Bremen

Sachsen-Anhalt

Brandenburg

Berlin

Nordrhein-Westfalen

Hessen

Thüringen

Sachsen

Saarland

Rheinland-Pfalz

Baden-Württemberg

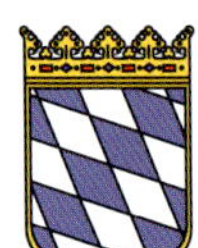
Bayern

BUNDESLAND
* Stadtstaaten
** Stadtstaat und Bundeshauptstadt
• Landeshauptstadt
Kiel
SCHLESWIG-HOLSTEIN
MECKLENBURG-VORPOMMERN
HAMBURG*
Schwerin
BREMEN*
(mit Bremerhaven)
BRANDENBURG
NIEDERSACHSEN
BERLIN**
Hannover
Potsdam
Magdeburg
NORDRHEIN-WESTFALEN
SACHSEN-ANHALT
Düsseldorf
Dresden
Erfurt
SACHSEN
HESSEN
THÜRINGEN
RHEINLAND-PFALZ
Wiesbaden
Mainz
SAARLAND
Saarbrücken
BAYERN
Stuttgart
BADEN-WÜRTTEMBERG
München

6

Land oder Stadt

In Deutschland gibt es insgesamt 295 Landkreise. Rund ein Drittel der Bevölkerung lebt jedoch in den 110 (kreisfreien) Städten.

Auf die einzelnen Bundesländer verteilen sich die Landkreise + kreisfreien Städte (inklusive Hannover, Göttingen und Aachen) wie folgt:

Baden-Württemberg: 35 + 9
Bayern: 71 + 25
Brandenburg: 14 + 4
Hessen: 21 + 5
Mecklenburg-Vorpommern: 6 + 2
Niedersachsen: 38 (inkl. Region Hannover) + 8 + (2)
Nordrhein-Westfalen: 31 (inkl. Städteregion Aachen) + 22 + (1)
Rheinland-Pfalz: 24 + 12
Saarland: 6 (inkl. Regionalverband Saarbrücken) + 0
Sachsen: 10 + 3
Sachsen-Anhalt: 11 + 3
Schleswig-Holstein: 11 + 4
Thüringen: 17 + 6

Berlin, Hamburg, Bremen (mit Bremerhaven)*
sind gleichzeitig auch Bundesländer.

* Bremen und Bremerhaven gelten als selbstständige Kommunen

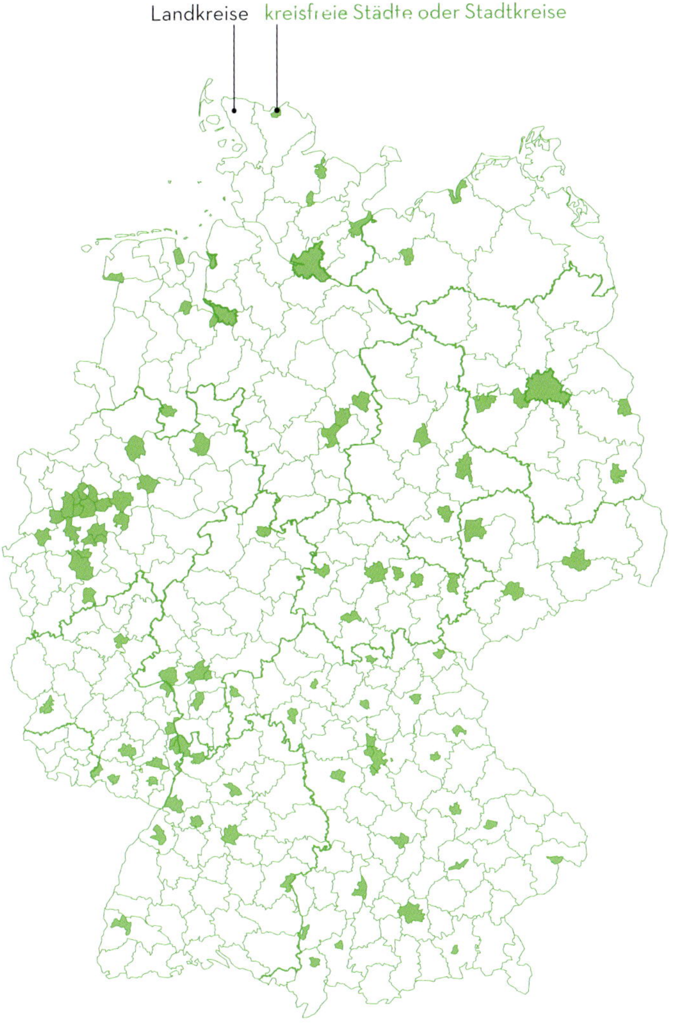
Landkreise
kreisfreie Städte oder Stadtkreise

7

Landesspitzen

Die höchsten Erhebungen je Bundesland

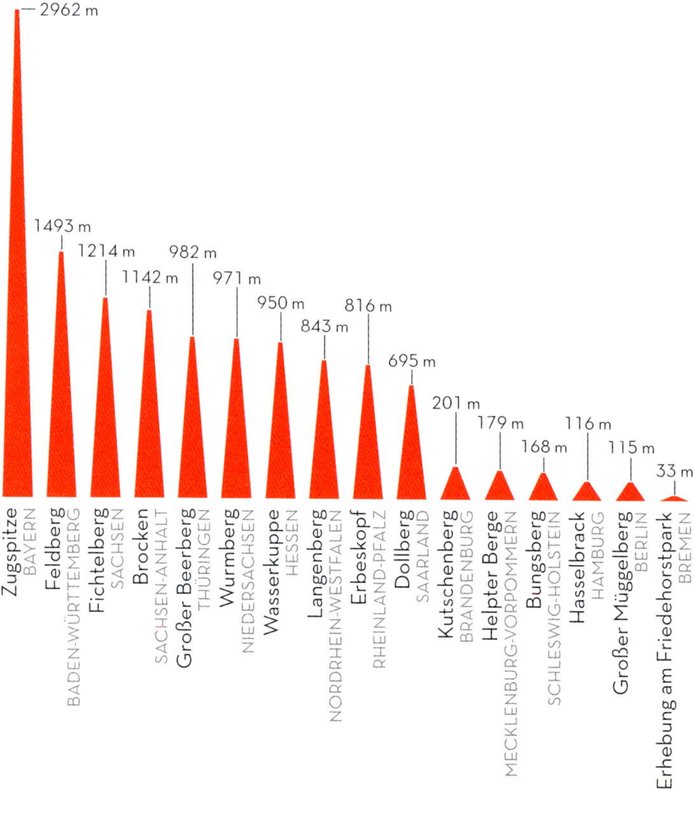

Die wichtigsten Gebirge

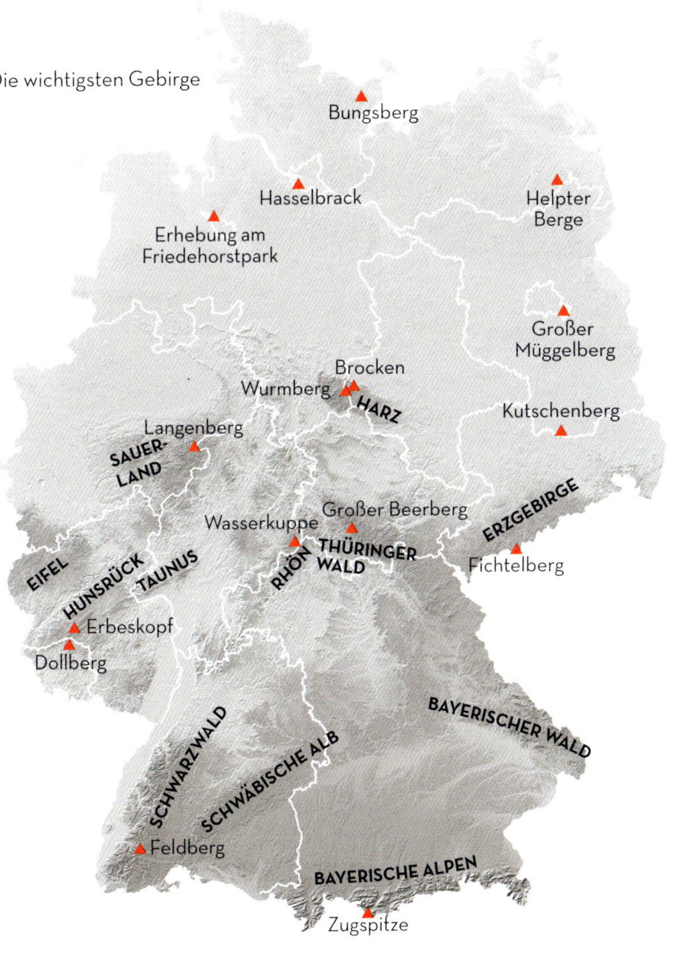

8

Längste Flüsse

Die Flüsse wurden an den gekennzeichneten Stellen (|) begradigt.

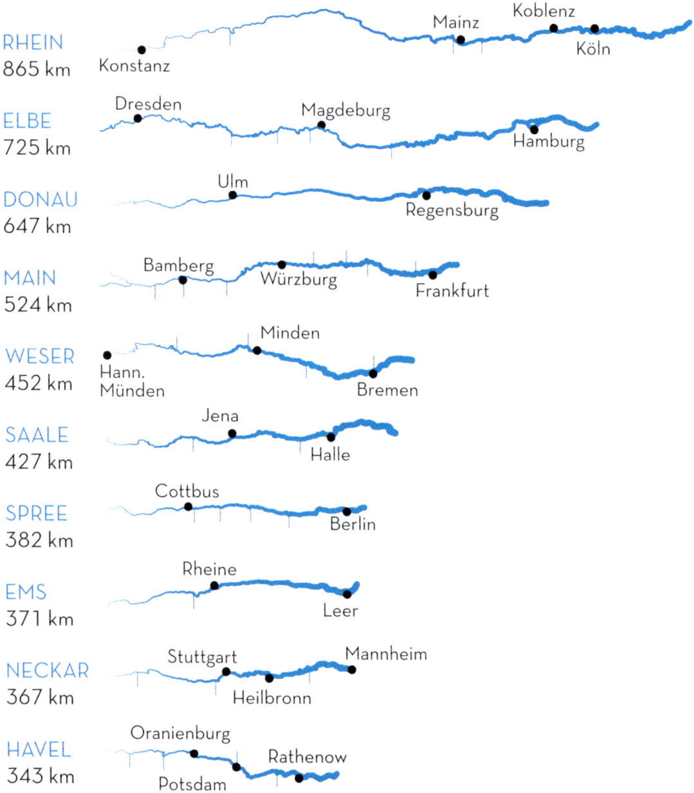

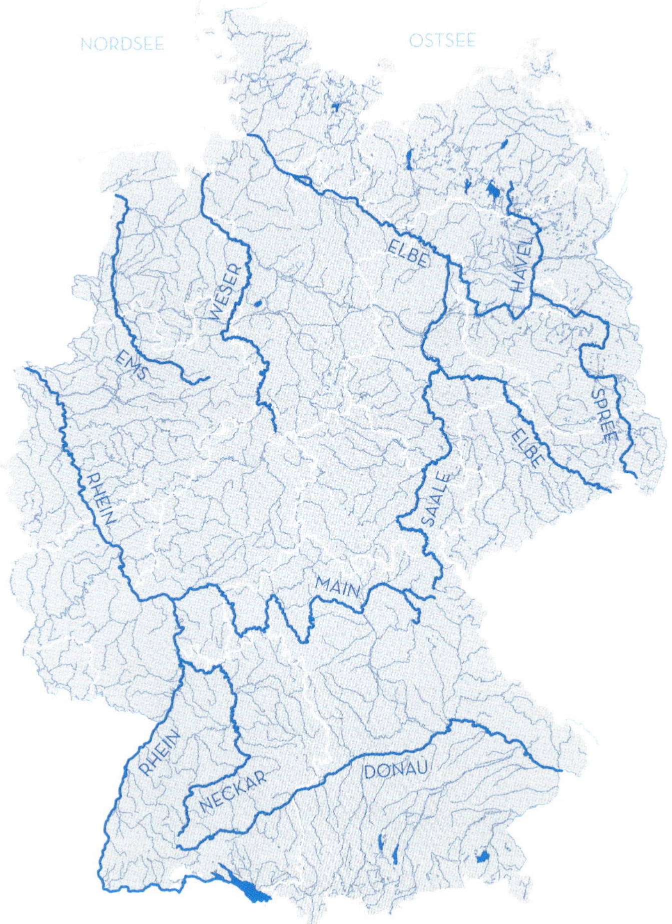
NORDSEE
OSTSEE
ELBE
HAVEL
WESER
EMS
SPREE
ELBE
RHEIN
SAALE
MAIN
RHEIN
DONAU
NECKAR

9

Größte Seen

BODENSEE
535,9 km²

MÜRITZ
109,2 km²

CHIEMSEE
79,9 km²

SCHWERINER SEE
61,5 km²

STARNBERGER SEE
56,4 km²

AMMERSEE
46,6 km²

PLAUER SEE
38,4 km²

KUMMEROWER SEE
32,5 km²

STEINHUDER MEER
29,1 km²

GROSSER PLÖNER SEE
29,1 km²

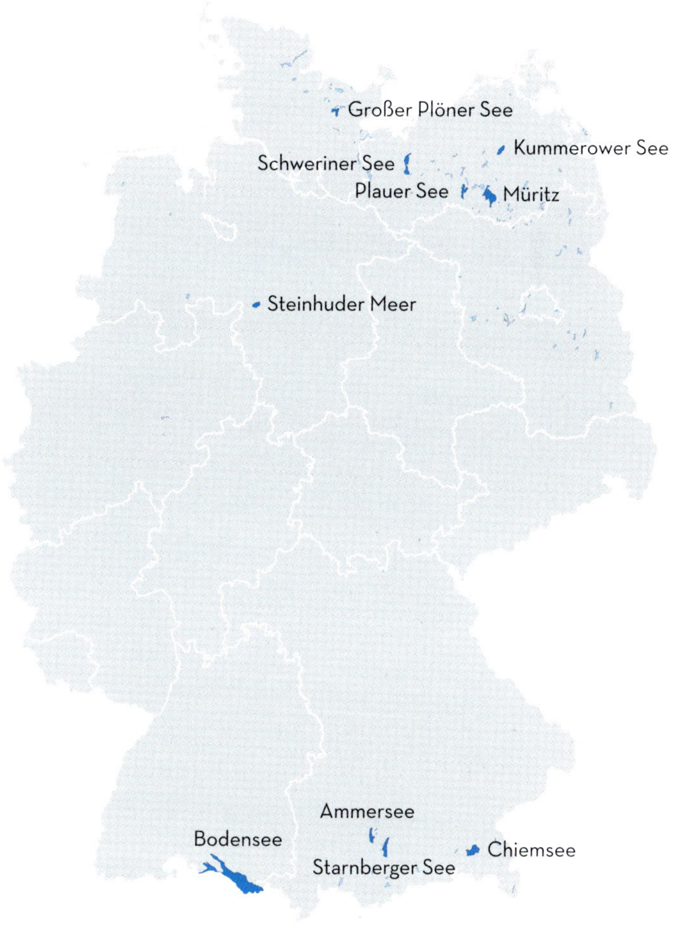
Großer Plöner See
Kummerower See
Schweriner See
Plauer See
Müritz
Steinhuder Meer
Ammersee
Bodensee
Chiemsee
Starnberger See

10

Unsere neun Nachbarn

Deutschlands Grenzen sind insgesamt 3757 Kilometer lang. An unser Land grenzen neun Nachbarstaaten.

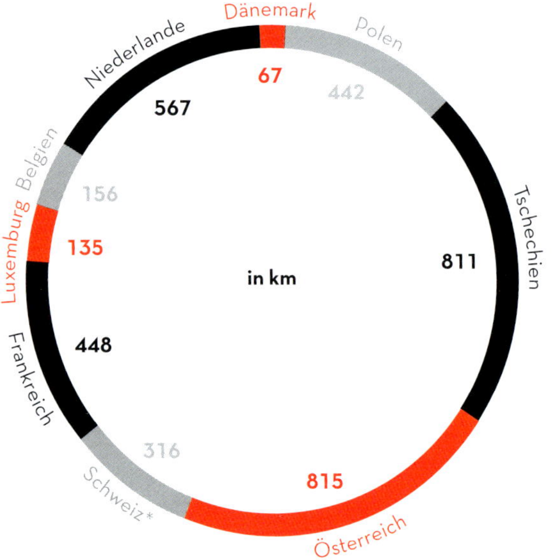

* mit Enklave Büsingen, ohne Bodensee

Kopenhagen
DÄNEMARK
Ostseeküste
1900 km
Nordseeküste
1760 km
NIEDERLANDE
Warschau
Amsterdam
Berlin
POLEN
Brüssel
BELGIEN
Prag
LUXEMBURG
TSCHECHIEN
Paris
Wien
FRANKREICH
ÖSTERREICH
Bern
SCHWEIZ
deutsche Grenze
Wirtschaftszone
Küste
12-Seemeilenzone/
Küstenmeer

11

Metropolen

Größte Städte nach Einwohnerzahl

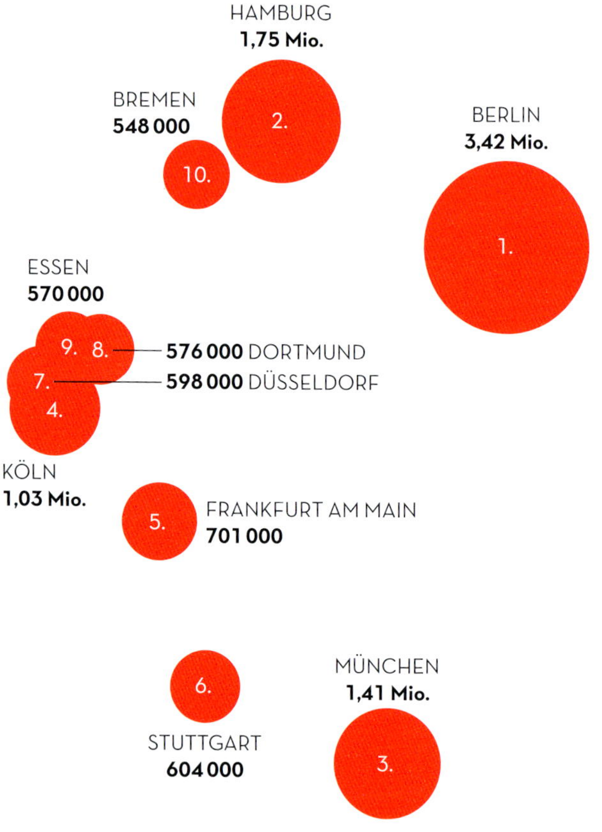

12

Wald & Heide

Wälder und Naturparks

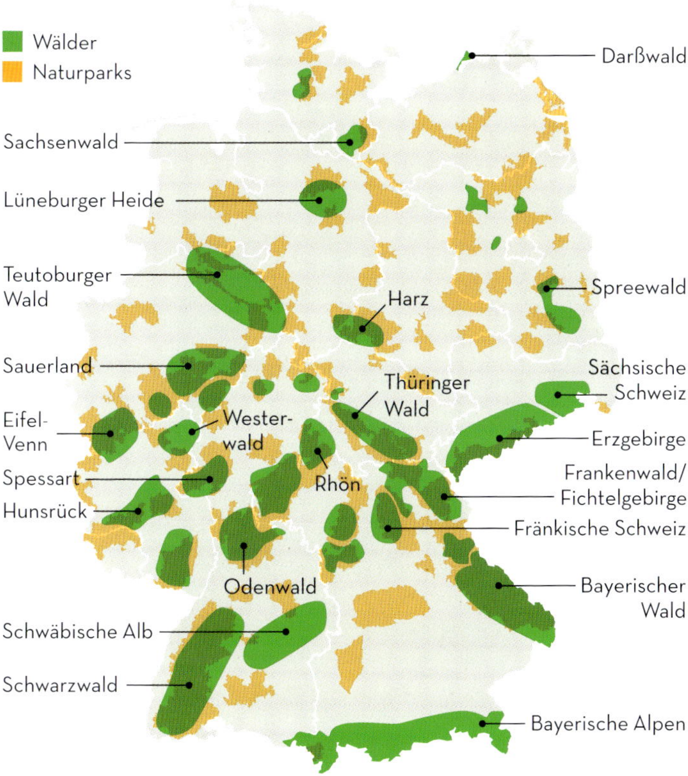

13

Nadeln & Blätter

Baumarten und ihre höchste natürliche Lebensdauer

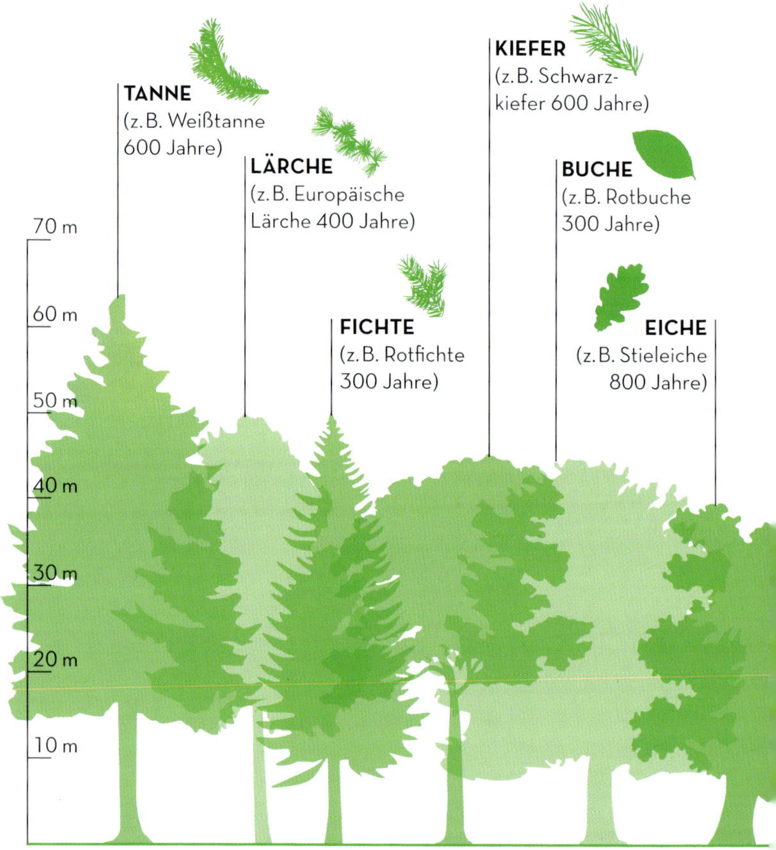

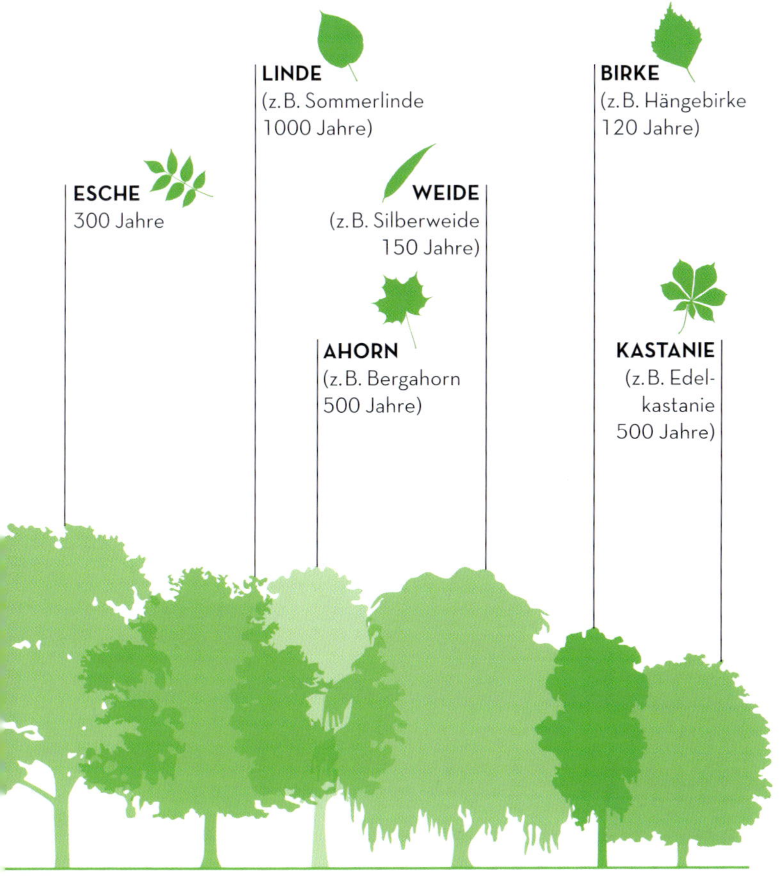

LINDE
(z. B. Sommerlinde
1000 Jahre)
BIRKE
(z. B. Hängebirke
120 Jahre)
ESCHE
300 Jahre
WEIDE
(z. B. Silberweide
150 Jahre)
AHORN
(z. B. Bergahorn
500 Jahre)
KASTANIE
(z. B. Edel-
kastanie
500 Jahre)

14

Wilde Tiere

In Deutschland gibt es 91 freilebende Säugetierarten.

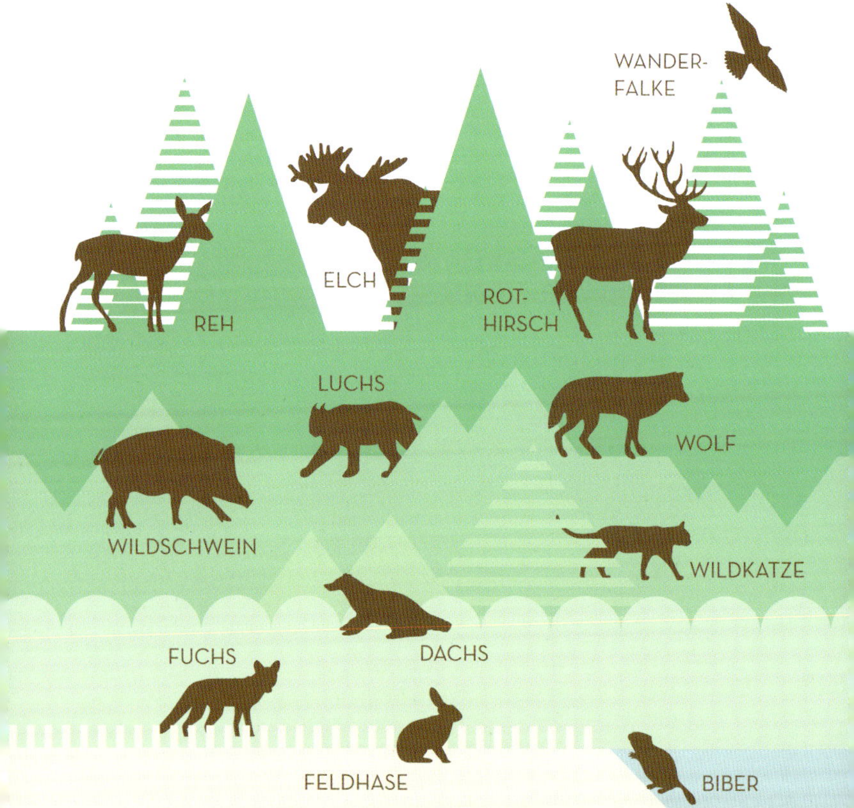

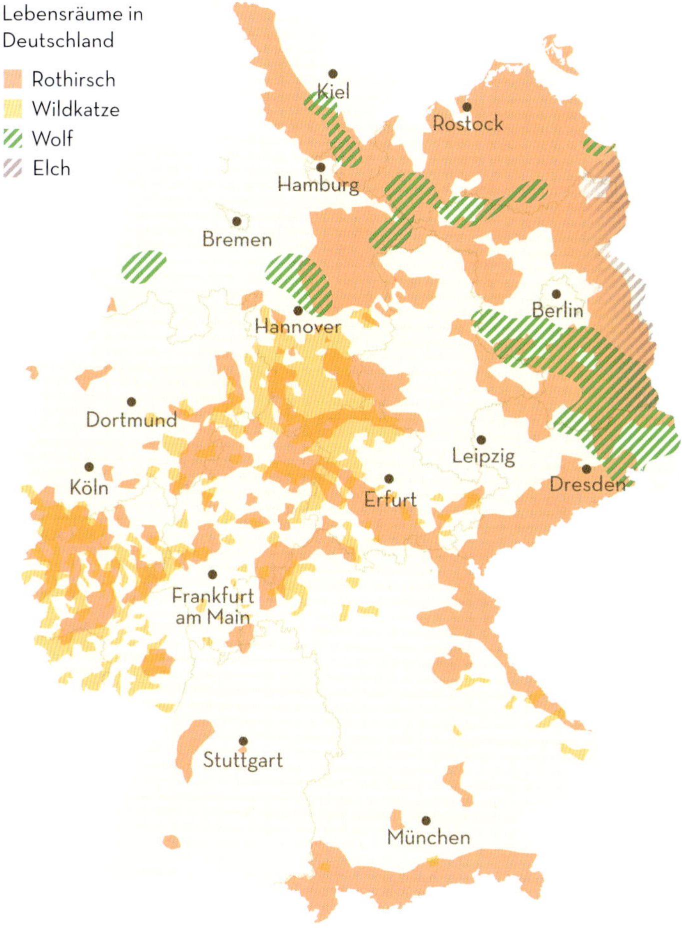
Lebensräume in Deutschland
Rothirsch
Wildkatze
Wolf
Elch
Kiel
Rostock
Hamburg
Bremen
Berlin
Hannover
Dortmund
Leipzig
Köln
Erfurt
Dresden
Frankfurt am Main
Stuttgart
München

Architektur

15

Hoch hinaus

Neun der zehn höchsten Hochhäuser stehen in Frankfurt.

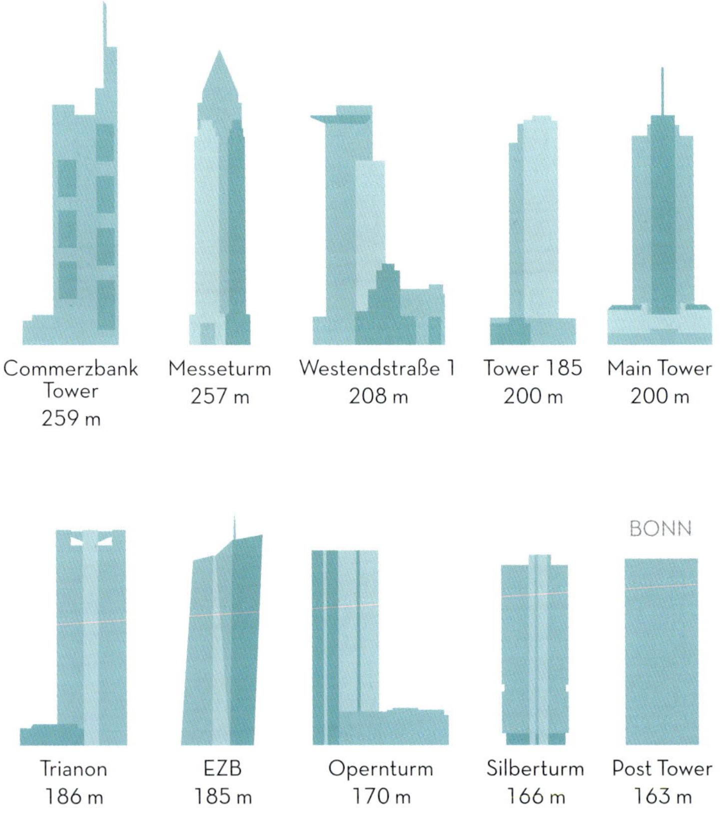

16

Höher hinaus

Fernsehtürme

Fernsehturm BERLIN 368,0 m

Europaturm FRANKFURT/M. 337,5 m

Fernmeldeturm NÜRNBERG 292,8 m

Olympiaturm MÜNCHEN 291,28 m

Telemax HANNOVER 282,2 m

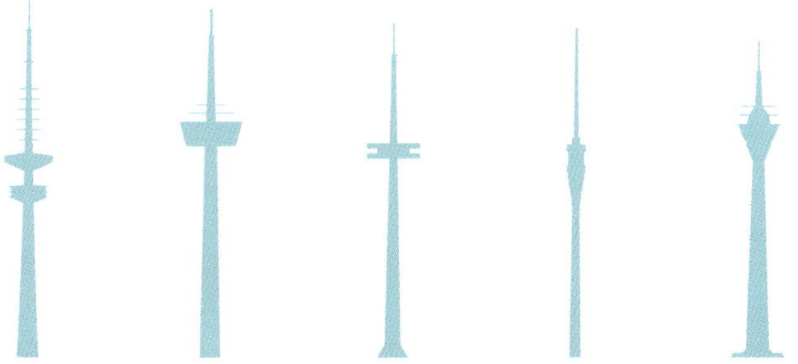

Heinrich-Hertz-Turm HAMBURG 279,8 m

Colonius KÖLN 266 m

Fernmeldeturm KOBLENZ 255 m

Fernsehturm DRESDEN 252 m

Rheinturm DÜSSELDORF 240,5 m

17

Richtungsweisend

Die schönsten Leuchttürme

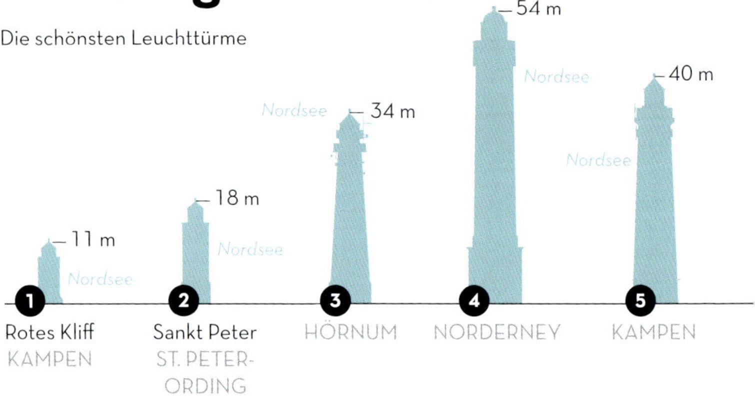

18

Himmelstrebend

Die zehn höchsten Gotteshäuser

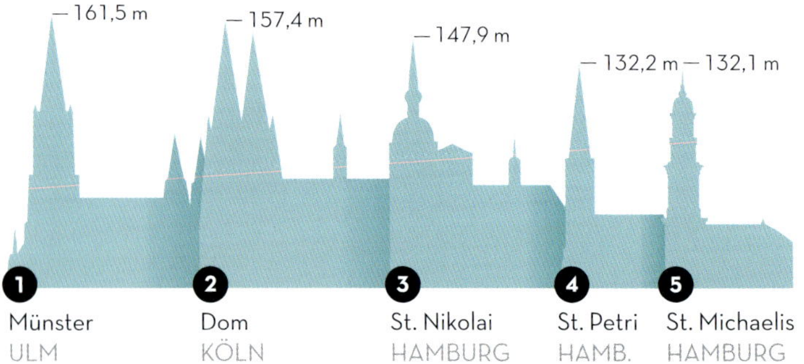

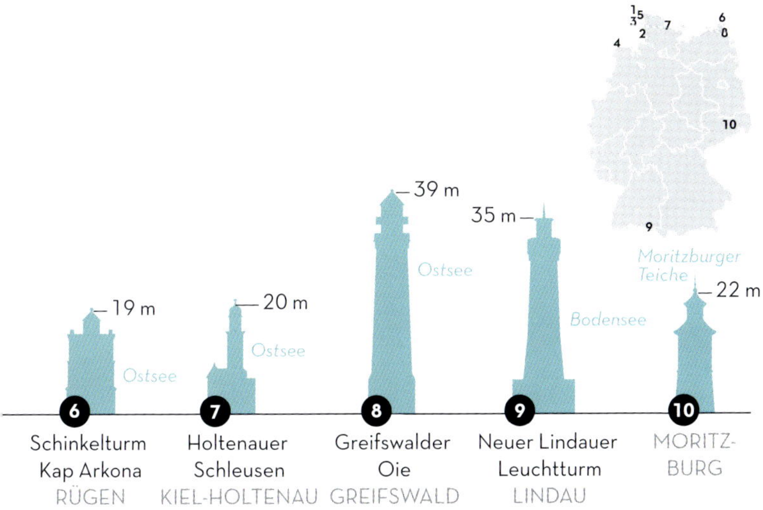
19 m
Ostsee
20 m
Ostsee
39 m
Ostsee
35 m
Bodensee
Moritzburger Teiche
22 m
6
Schinkelturm Kap Arkona
RÜGEN
7
Holtenauer Schleusen
KIEL-HOLTENAU
8
Greifswalder Oie
GREIFSWALD
9
Neuer Lindauer Leuchtturm
LINDAU
10
MORITZ-BURG

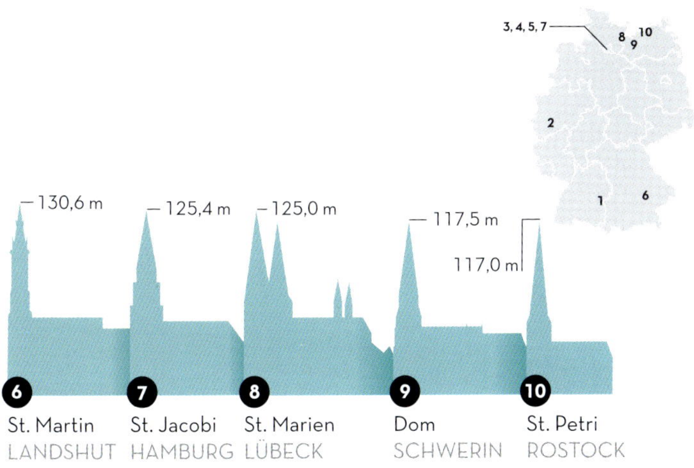
3, 4, 5, 7
130,6 m
125,4 m
125,0 m
117,5 m
117,0 m
6
St. Martin
LANDSHUT
7
St. Jacobi
HAMBURG
8
St. Marien
LÜBECK
9
Dom
SCHWERIN
10
St. Petri
ROSTOCK

19

Verbindend

Die zehn längsten Straßenbrücken

Rügenbrücke STRALSUND 4105 m

Köhlbrandbrücke HAMBURG 3618 m

Hochbrücke BRUNSBÜTTEL 2831 m

Hochbrücke RENDSBURG 2486 m

Ruhrtalbrücke MÜLHEIM-MINTARD 1800 m

Ahrtalbrücke BAD NEUENAHR-AHRWEILER 1521 m

Rheinkniebrücke DÜSSELDORF 1519 m

Kurt-Schumacher-Brücke MANNHEIM 1500 m

Rader Hochbrücke RENDSBURG 1498 m

Talbrücke PFEDDERSHEIM 1471 m

20
Baumeister

HELMUT W. **JOOS**
Bürogründung: 1963,
1980 (JSK Architekten)

MEINHARD VON **GERKAN**
& VOLKWIN **MARG**
Bürogründung: 1965, Flughafen Berlin-Tegel, Hauptbahnhof Berlin

HELMUT **JAHN**
*1940, Frankfurter Messeturm

GÜNTER **BEHNISCH**
1922 - 2010 Münchner Olympiagelände

OSWALD MATHIAS **UNGERS**
1926-2007

EGON **EIERMANN**
1904-1970
Nachkriegsmoderne

FREI PAUL **OTTO**
1925-2015
Olympiastadion München

HANS **SCHAROUN**
1893-1972 Organische Architektur

ERICH **MENDELSOHN**
1887-1953 Streamline Architektur

HANS **POELZIG**
1869-1936
Neue Sachlichkeit

BRUNO **TAUT**
1880-1938
Neues Bauen

WALTER **GROPIUS**
1883-1969 Bauhaus-Begründer

BALTHASAR **NEUMANN**
1687-1753 Barock und Rokoko

GOTTFRIED **SEMPER**
1803-1879 Historismus, Neorenaissance

ALBERT **SPEER**
1905-1981

Architekt des Nationalsozialismus

PETER **BEHRENS**
1868-1940
sachliche Architektur

KARL FRIEDRICH **SCHINKEL**
1781-1841 Klassizismus in Preußen

ELIAS **HOLL**
1573-1646

MATTHÄUS DANIEL **PÖPPELMANN**
1662-1736 Barock, Rokoko

21

Stadien, Parks, Arenen

Nach der maximalen Zuschauerkapazität

N

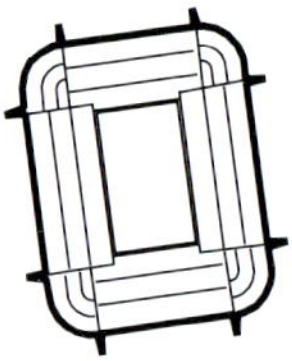

1

80 645
Signal Iduna Park
DORTMUND

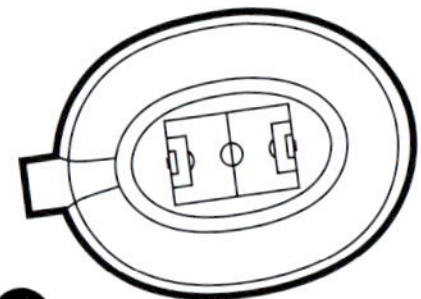

2

74 244
Olympiastadion
BERLIN

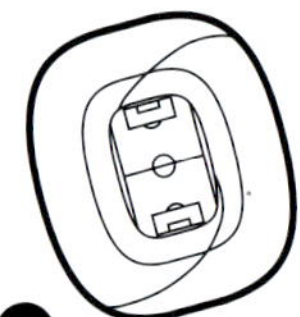

3

71 137
Allianz Arena
MÜNCHEN

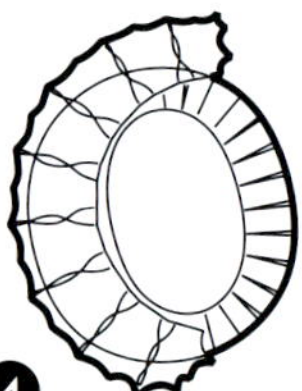

4

69 267
Olympiastadion
MÜNCHEN

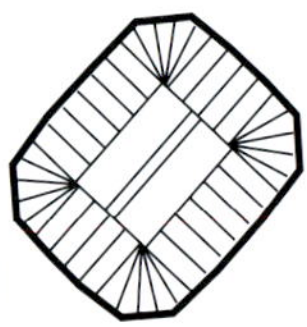

5

61 673
Veltins-Arena
GELSENKIRCHEN

6

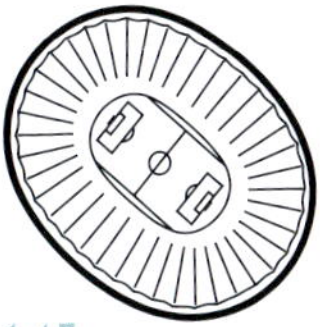

60 441
Mercedes-Benz Arena
STUTTGART

7

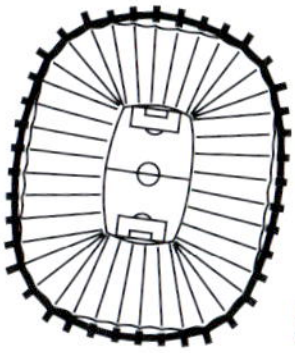

N

57 000
Volksparkstadion
HAMBURG

8

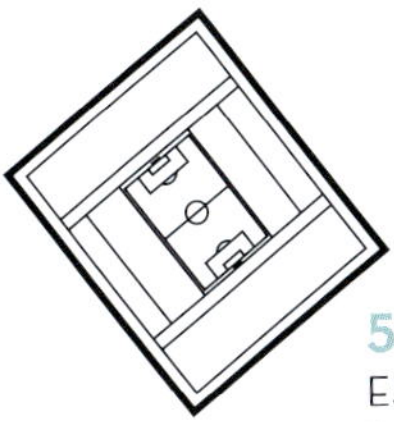

54 600
ESPRIT Arena
DÜSSELDORF

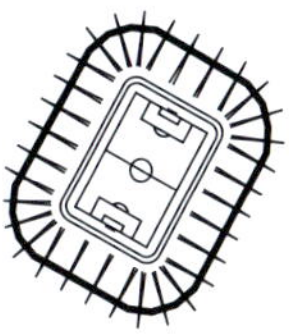

9

54 067
Stadion im Borussia-Park
MÖNCHENGLADBACH

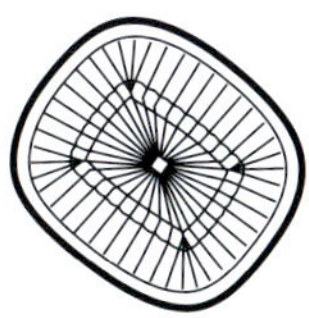

10

51 500
Commerzbank-Arena
FRANKFURT

22

Wo die Musik spielt

Die zehn größten Konzerthallen nach Fassungsvermögen

Eine Figur steht für 100 Menschen

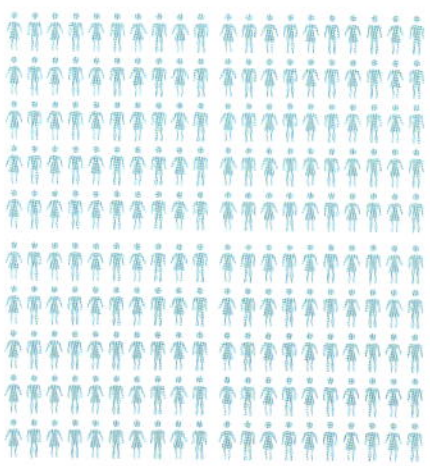

20 000
LANXESS Arena
KÖLN

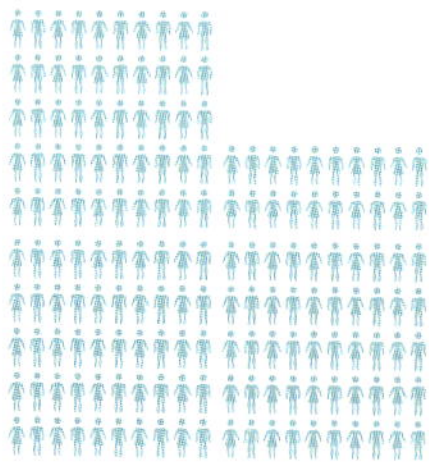

17 000
Mercedes-Benz-Arena
BERLIN

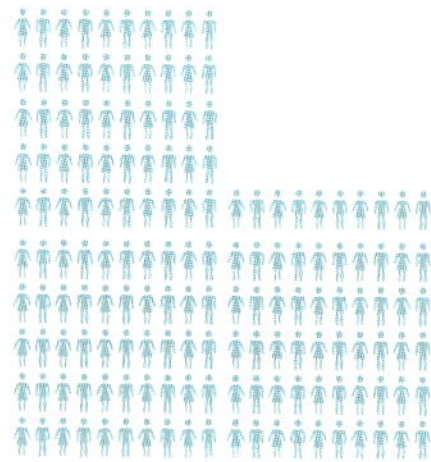

16 000
O2 World
HAMBURG

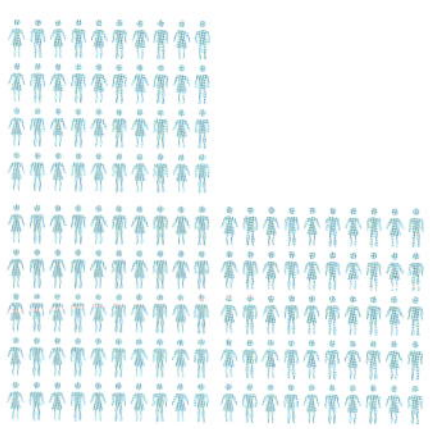

14 000
TUI Arena
HANNOVER

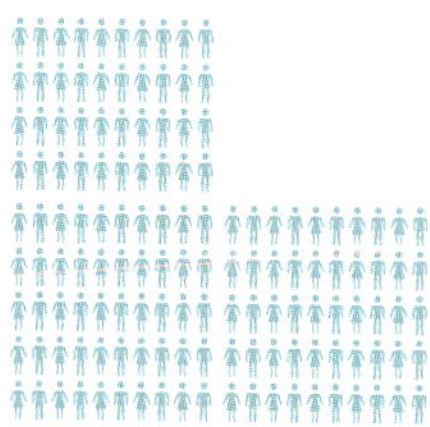

14 000
ÖVB-Arena
BREMEN

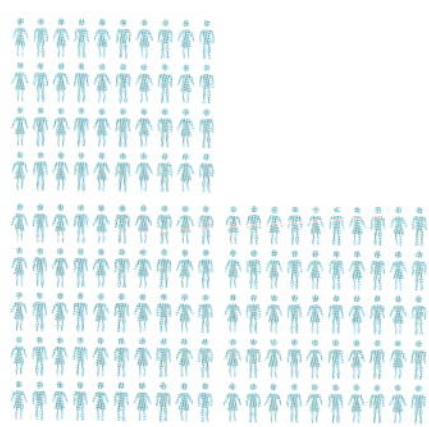

14 000
dm-arena
KARLSRUHE

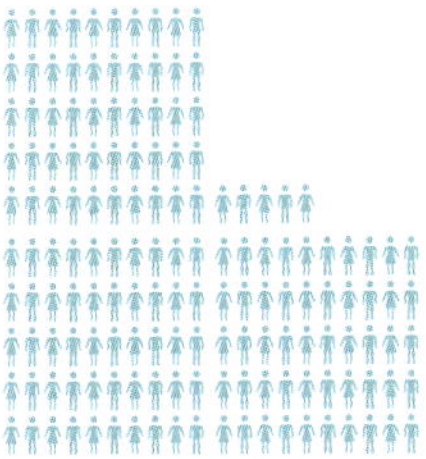

15 500

Olympiahalle

MÜNCHEN

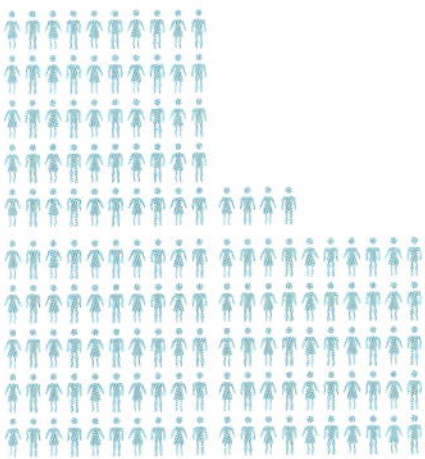

15 380

Westfalenhalle

DORTMUND

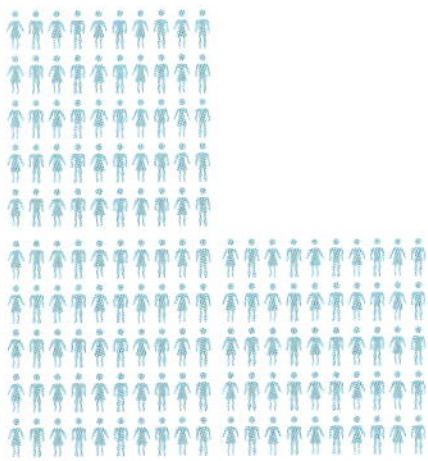

15 000

SAP-Arena

MANNHEIM

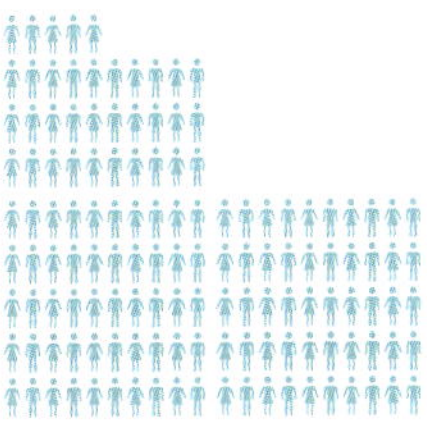

13 500

Festhalle

FRANKFURT AM MAIN

Geschichte

23

Im Lauf der Zeit

Heiliges Römisches Reich um 1400

Heiliges Römisches Reich 1648

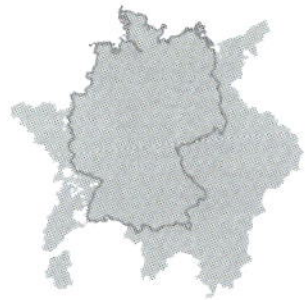

■ Ereignisse ■ Herrscher ■ Kriege

800 bis 1750

MITTELALTER | FRÜHE NEUZEIT

800 | 1000 | 1200 | 1400 | 1600 | 1700

800
Kaiserkrönung **Karl der Große** in Rom

962
Krönung **Otto I. der Große**, Kaiser des Heiligen Römischen Reiches

1077
Gang nach Canossa: Heinrich IV. leistet Abbitte bei Gregor VI.

1191
Gründung des **deutschen Ritterordens**

1250 - 73
Interregnum
Kaiserlose Zeit

1356
Goldene Bulle regelt die Wahl des Kaisers und Königs durch die Kurfürsten

1450
Johannes **Gutenberg** erfindet den **Buchdruck** mit beweglichen Lettern

1517
Martin Luther veröffentlicht seine 95 Thesen, Beginn der **Reformation**

1555
Augsburger Religionsfrieden – friedliche und dauerhafte Koexistenz von Luthertum und Katholizismus im Heiligen Römischen Reich Deutscher Nation

1618 - 48
Dreißigjähriger Krieg

Deutscher Bund 1815

Deutsches Reich 1871-1918

geteiltes Deutschland 1949-1990

Deutschland heute

1750 bis heute

NEUZEIT

1800 | 1850 | 1900 | 1950 | 2000

1740-86 **Aufstieg Preußens** zur Großmacht unter **Friedrich II.**

1756-63 **Siebenjähriger Krieg**

Königreich Preußen

1806 Ende des Heiligen Römischen Reiches

Völkerschlacht bei Leipzig: **1813** Niederlage Napoleons gegen die vereinigten Armeen Russlands, Preußens und Österreichs

1815-66 **Deutscher Bund**

1848 **Märzrevolution:** Nationalversammlung in der Paulskirche in Frankfurt

1862 **Otto von Bismarck** wird preußischer Ministerpräsident

1870-71 **Deutsch-Französischer Krieg**

1871 **Reichsgründung**

Deutsches Kaiserreich **1871-1918**

Erster Weltkrieg **1914-18**

Weimarer Republik **1918-33**

Nationalsozialistisches „Drittes Reich" **1933-45**

Zweiter Weltkrieg **1939-45**

1949 Gründung der **Bundesrepublik Deutschland** (BRD) und der **Deutschen Demokratischen Republik** (DDR)

1961 **Bau der Mauer**

1989 **Mauerfall**

1990 **Wiedervereinigung** Deutschlands

24

Könige & Kaiser

Zeiträume, in denen Adelsfamilien einen deutschen König oder Kaiser des Reiches stellten

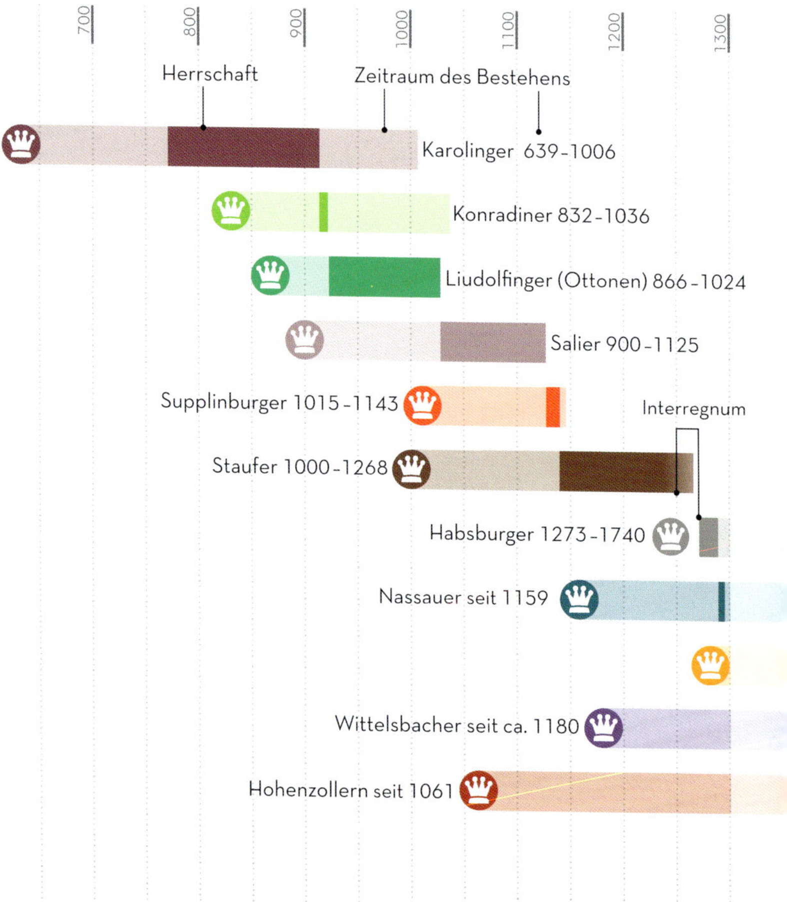

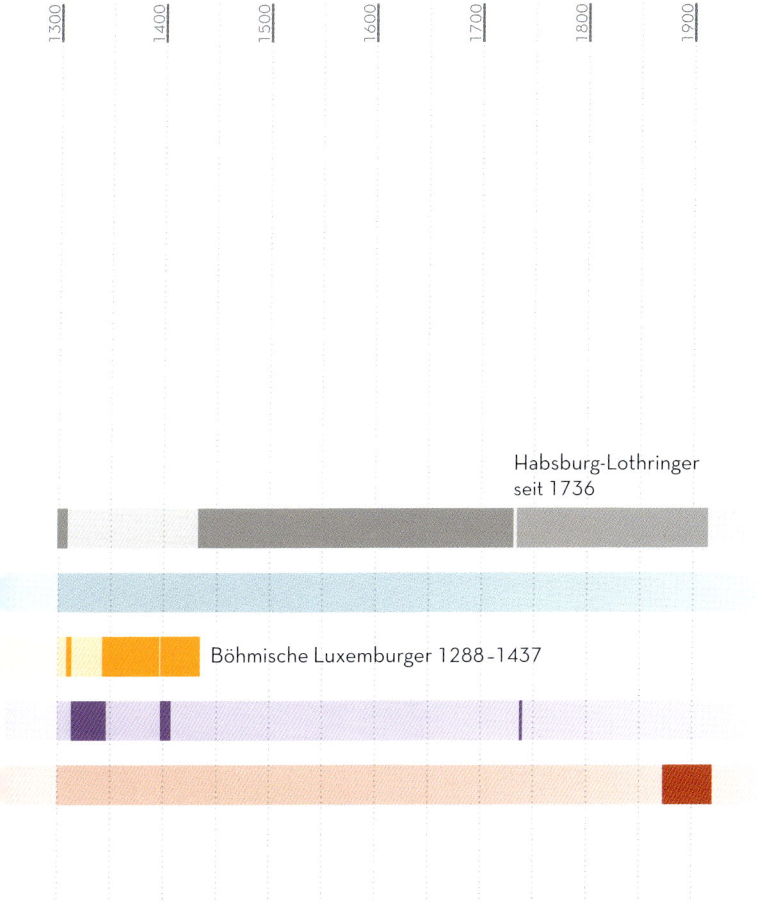
1300
1400
1500
1600
1700
1800
1900
Habsburg-Lothringer
seit 1736
Böhmische Luxemburger 1288-1437

25

Holocaust

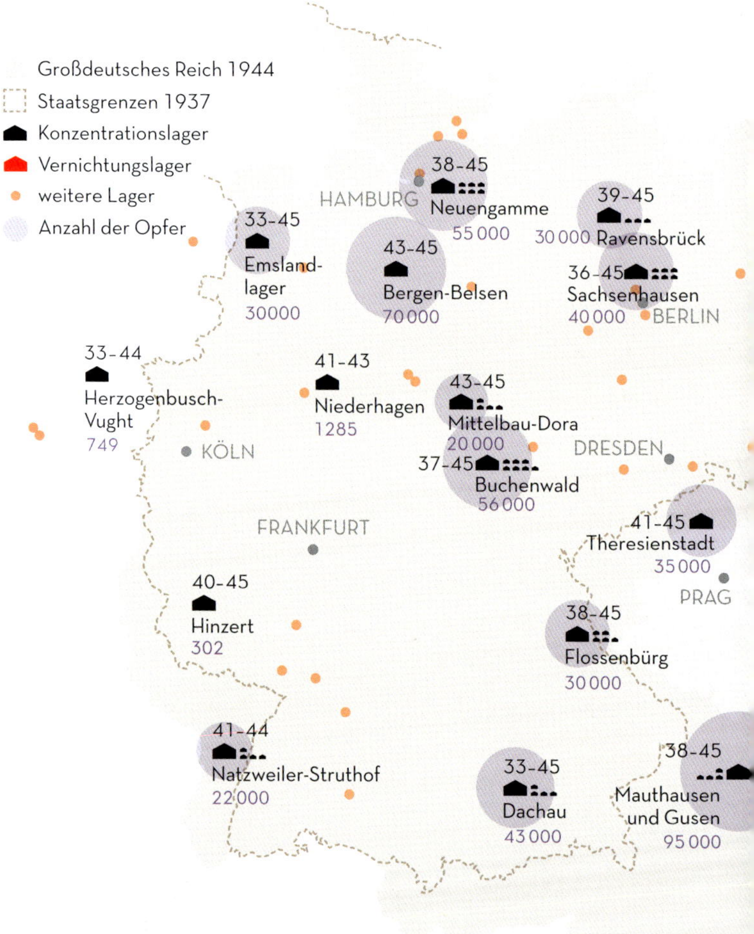

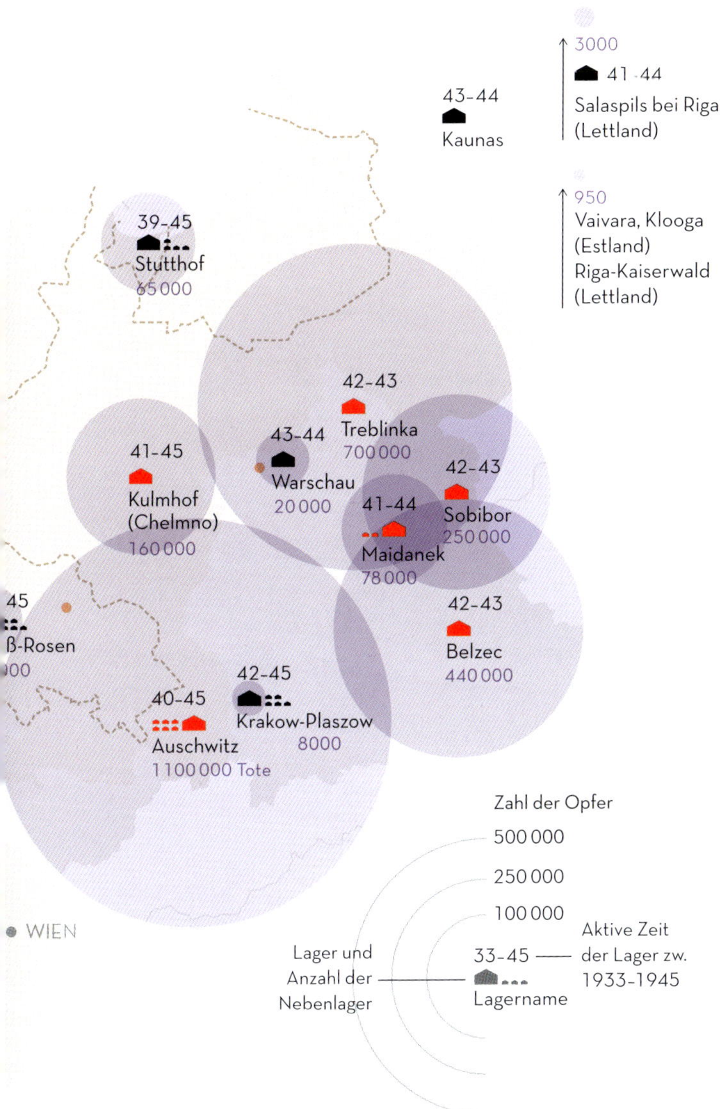

3000
41-44
Salaspils bei Riga
(Lettland)
43-44
Kaunas
950
Vaivara, Klooga
(Estland)
Riga-Kaiserwald
(Lettland)
39-45
Stutthof
65 000
42-43
Treblinka
700 000
43-44
Warschau
20 000
41-45
Kulmhof
(Chelmno)
160 000
42-43
Sobibor
250 000
41-44
Maidanek
78 000
45
ß-Rosen
42-43
Belzec
440 000
42-45
Krakow-Plaszow
8000
40-45
Auschwitz
1 100 000 Tote
Zahl der Opfer
500 000
250 000
100 000
WIEN
Aktive Zeit
der Lager zw.
1933-1945
33-45
Lager und
Anzahl der
Nebenlager
Lagername

26

Deutsche Teilung

Zwischen 1949 und 1990 existierten zwei deutsche Staaten: die BRD und die DDR. Die Gebiete östlich von Oder und Neiße fielen an Polen bzw. die Sowjetunion.

GETEILTES BERLIN

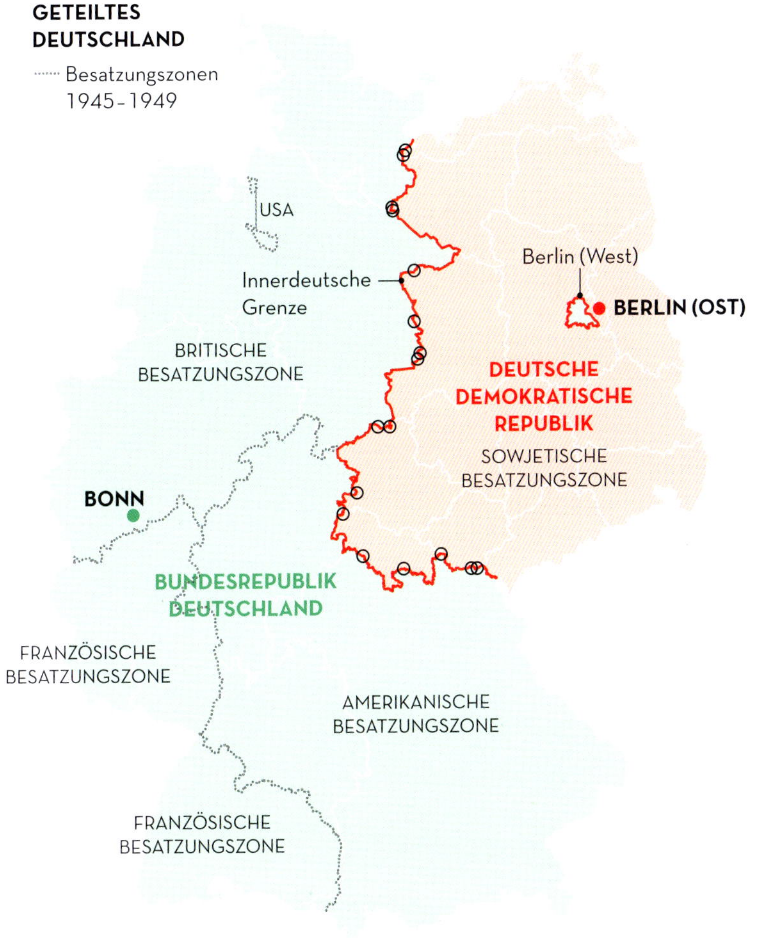
GETEILTES
DEUTSCHLAND
Besatzungszonen
1945-1949
USA
Innerdeutsche
Grenze
Berlin (West)
BERLIN (OST)
BRITISCHE
BESATZUNGSZONE
DEUTSCHE
DEMOKRATISCHE
REPUBLIK
SOWJETISCHE
BESATZUNGSZONE
BONN
BUNDESREPUBLIK
DEUTSCHLAND
FRANZÖSISCHE
BESATZUNGSZONE
AMERIKANISCHE
BESATZUNGSZONE
FRANZÖSISCHE
BESATZUNGSZONE

27

Schwere Unglücke

In Deutschland ereignet sich alle vier Sekunden ein Unfall. Eine Auswahl der schwersten Unglücke, die sich in unser Gedächtnis eingebrannt haben.

24.07.2010
LOVEPARADE 2010
DUISBURG
21 Tote, 541 Verletzte

11.03.2009
AMOKLAUF AN DER ALBERTVILLE-REALSCHULE WINNENDEN
17 Tote

03.03.2009
EINSTURZ DES STADTARCHIVS
KÖLN
2 Tote

22.11.2006
TRANSRAPID-UNGLÜCK
LATHEN
23 Tote, 10 Verletzte

01.07.2002
FLUGZEUGKOLLISION
ÜBERLINGEN
71 Tote

26.04.2002
AMOKLAUF AM GUTENBERG-GYMNASIUM ERFURT
17 Tote

12.04.1999
SCHWEBEBAHNUNFALL
WUPPERTAL
5 Tote, 47 Verletzte

03.06.1998
ICE-UNFALL
ESCHEDE
101 Tote, 88 Verletzte

11.04.1996
BRANDKATASTROPHE
FLUGHAFEN DÜSSELDORF
17 Tote, 88 Verletzte

28.08.1988
FLUGSCHAU-UNGLÜCK
RAMSTEIN
70 Tote, ca. 1000 Verletzte

02.10.1984
BARKASSENUNGLÜCK
HAMBURG
19 Tote

11.07.1968
CHEMIEUNFALL
BITTERFELD
42 Tote, 200 Verletzte

20.02.1946
GRUBENUNGLÜCK
BERGKAMEN
405 tote Bergarbeiter

21.11.1921
EXPLOSION DES STICKSTOFF-WERKS OPPAU
561 Tote

Politik

28

Wie gehe ich wählen?

Der Wähler hat zwei Stimmen:

Erststimme

Zweitstimme

Vereinfachte Darstellung am Beispiel der Bundestagswahl 2013

Wahlberechtigter

Briefwahl

Wahllokal (Wahlbezirk)

Am Wahltag geöffnet von 8 bis 18 Uhr

Beisitzer
- Vorzeigen der **Wahlbenachrichtigung**
- Wähler erhält einen **Stimmzettel**

Schriftführer
- **Prüfung der Wahlberechtigung**
- Stimmabgabe wird vermerkt

Wahlkabine
- **geheimer Wahlvorgang**/Abgabe der Stimme
- Stimmzettel muss gefaltet werden

Wahlvorsteher
- Einwurf des Stimmzettels in die **Wahlurne**
- Stimmabgabe wird vermerkt

Auszählen aller Stimmzettel ab 18 Uhr

299 Abgeordnete der 299 Wahlkreise ziehen direkt in das Parlament ein.

Abgeordneter des Wahlkreises → **Direktmandat** →

Landesliste des Bundeslandes →

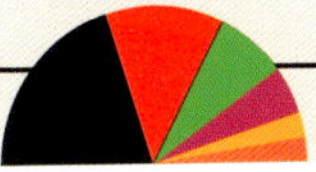

Deutscher Bundestag
598 Sitze

Verhältniswahl

Die Zweitstimme ist die maßgebliche Stimme für die **Sitzverteilung der Parteien im Parlament**.

Die anderen **299 Abgeordneten** werden von den Parteien nach der Reihenfolge in den Landeslisten in das Parlament geschickt.

Öffnen der Briefe
ab ca. 15 Uhr

Prüfung der Wahlberechtigung

Stimmzettel in die **Wahlurne für Briefwahl**

↓

Briefwahl-vorsteher → **Kreiswahlleiter**

Auszählen aller Stimmzettel ab 18 Uhr

Übermittlung der Wahl-ergebnisse

Kreiswahlleiter ↑ **Landeswahlleiter** ↑ **Bundeswahlleiter** ↑

Bekanntgabe des Wahlergebnisses

Überhangmandate

Überhangmandate entstehen, wenn eine Partei über die Erststimme mehr Direktmandate erringt, als ihr Sitze gemäß der Anzahl der Zweitstimmen aus der Verhältniswahl zustehen würden. So kann es zu mehr als 598 Sitzen im Bundestag kommen. Bei der Bundestagswahl 2013 gab es 32 Überhangmandate und damit 630 Sitze.

29
Über den Parteien

Die Bundespräsidenten

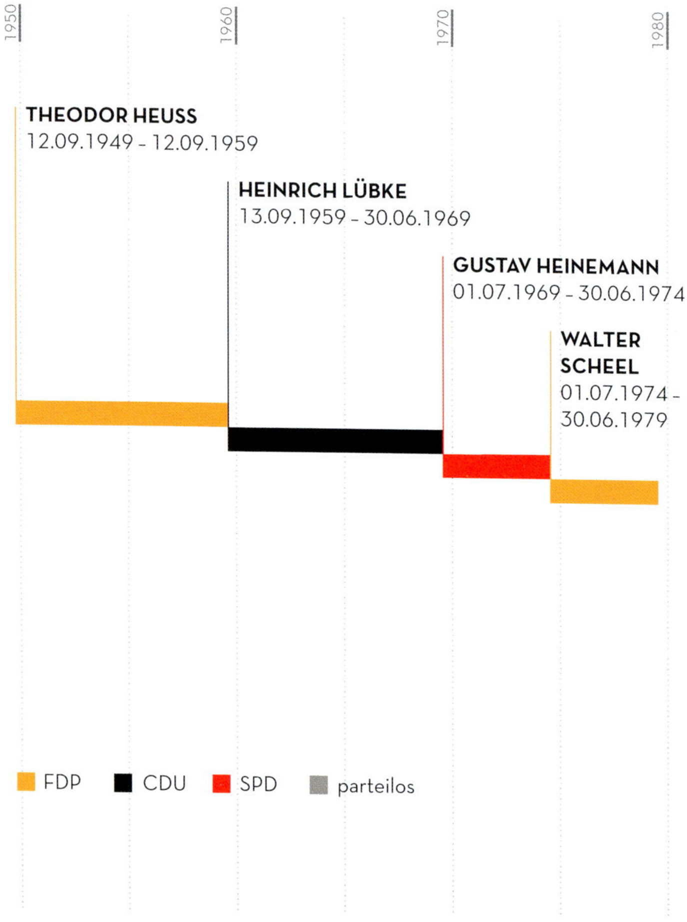

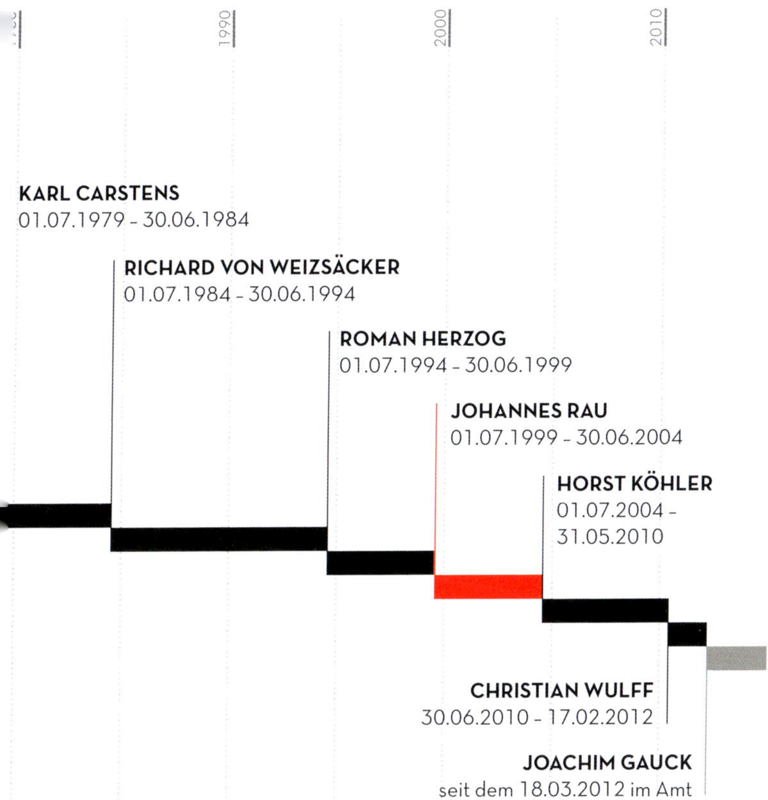

1990
2000
2010
KARL CARSTENS
01.07.1979 - 30.06.1984
RICHARD VON WEIZSÄCKER
01.07.1984 - 30.06.1994
ROMAN HERZOG
01.07.1994 - 30.06.1999
JOHANNES RAU
01.07.1999 - 30.06.2004
HORST KÖHLER
01.07.2004 -
31.05.2010
CHRISTIAN WULFF
30.06.2010 - 17.02.2012
JOACHIM GAUCK
seit dem 18.03.2012 im Amt

30

Sieben Männer, eine Frau

Die Bundeskanzler

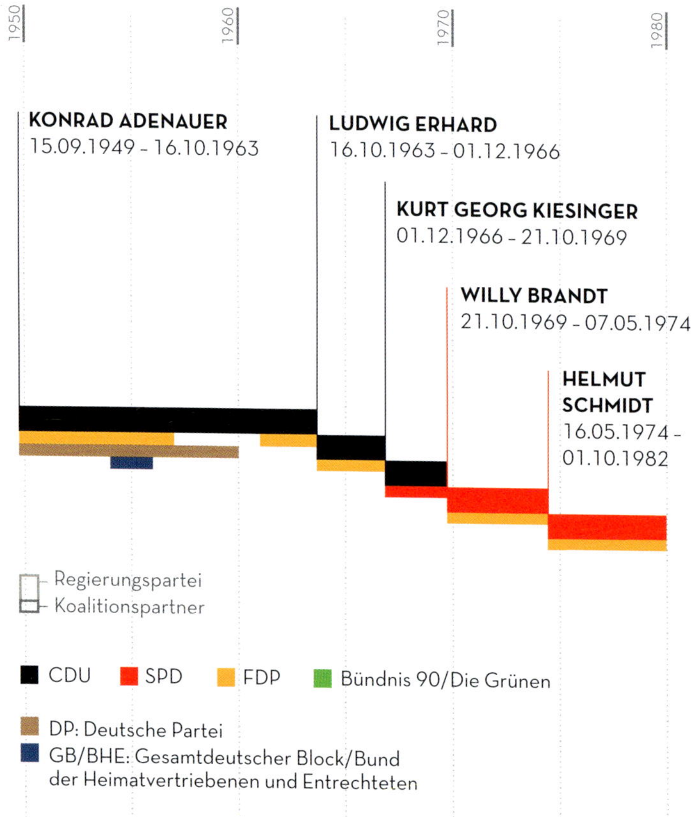

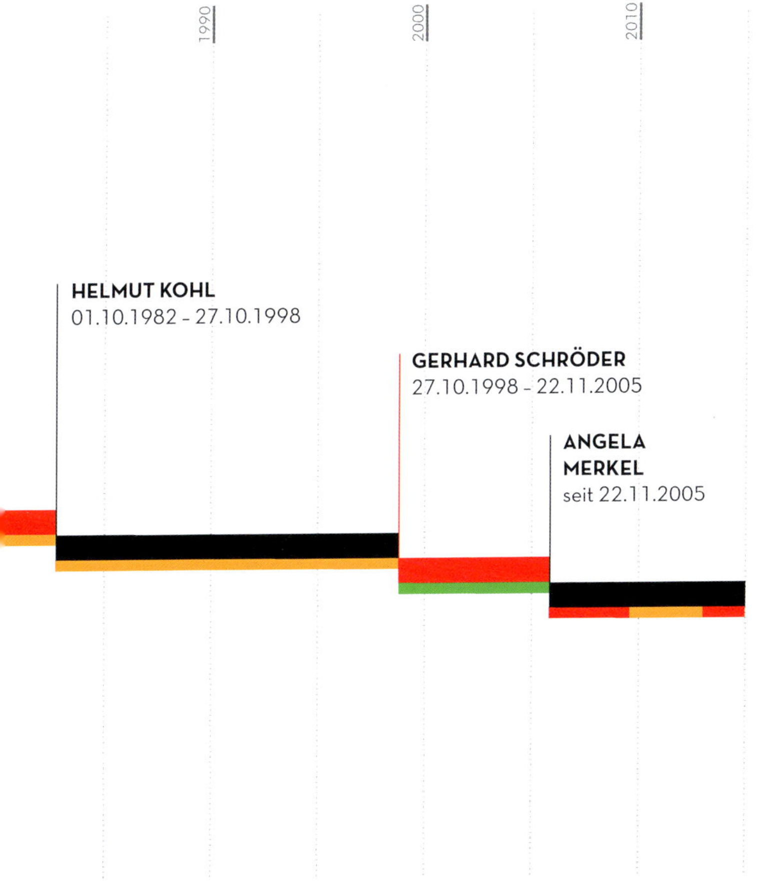

1990
2000
2010
HELMUT KOHL
01.10.1982 – 27.10.1998
GERHARD SCHRÖDER
27.10.1998 – 22.11.2005
ANGELA
MERKEL
seit 22.11.2005

31

Unser Geld

Herkunft und Verteilung der 299 Milliarden Euro, die für den Bundeshaushalt 2015 eingeplant sind. (Stand: Januar 2015)

Einnahmen 2015
299 Mrd. Euro

in Milliarden Euro

277,8	**Steuereinnahmen***
82,9	Umsatzsteuer
75,4	Lohnsteuer
60,4	Einfuhrumsatz-/veranlagte Einkommens-/Körperschaftsteuer, und andere
32,5	Mineralölsteuer
14,1	Tabaksteuer
15,4	Solidaritätszuschlag
22,9	Versicherungs-/Strom-/Kfz-/Branntweinsteuer, u. a.
21,2	**sonstige Einnahmen (Gebühren/Entgelte, Beteiligungen, u.a.)**
0	**Kreditaufnahmen (Neuverschuldung)**

Gemeinschaftssteuern

Bundessteuern

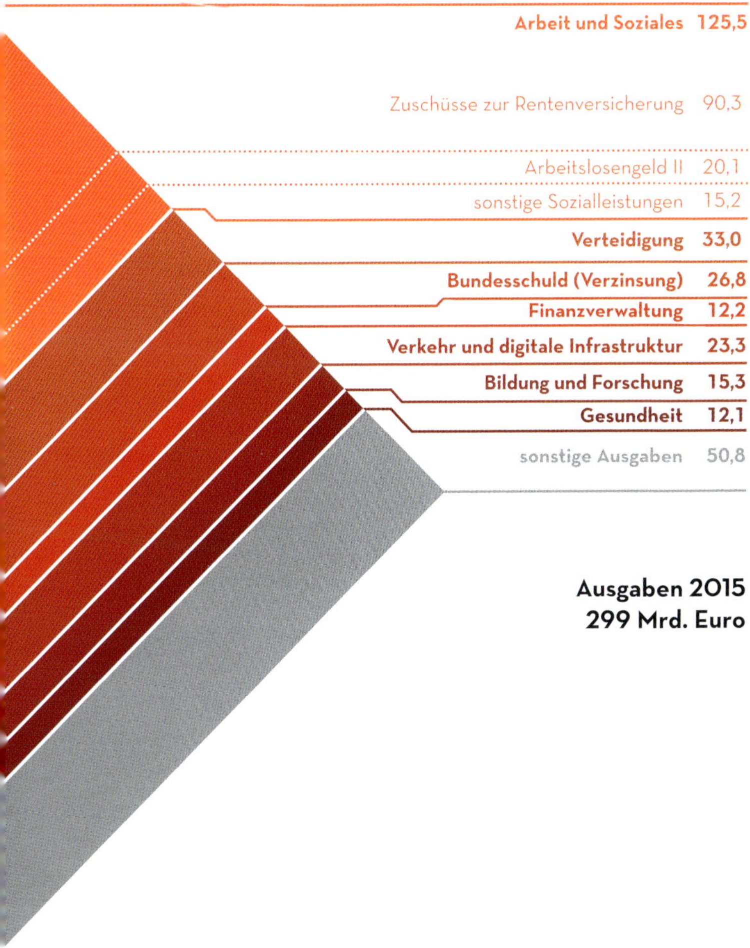

Ausgaben 2015
299 Mrd. Euro

* Steuereinnahmen beinhalten die abgeführten EU-Eigenmittel in Höhe von 27,7 Mrd. Euro

32

Hauptstadt Berlin

Ministerienstandorte

Bundesministerien (Bm.) * Ministerien haben ihren ersten Dienstsitz in Bonn

Regierungsgebäude und Gebäude der Legislative

33

Auf Pump

Staatsverschuldung in Milliarden Euro

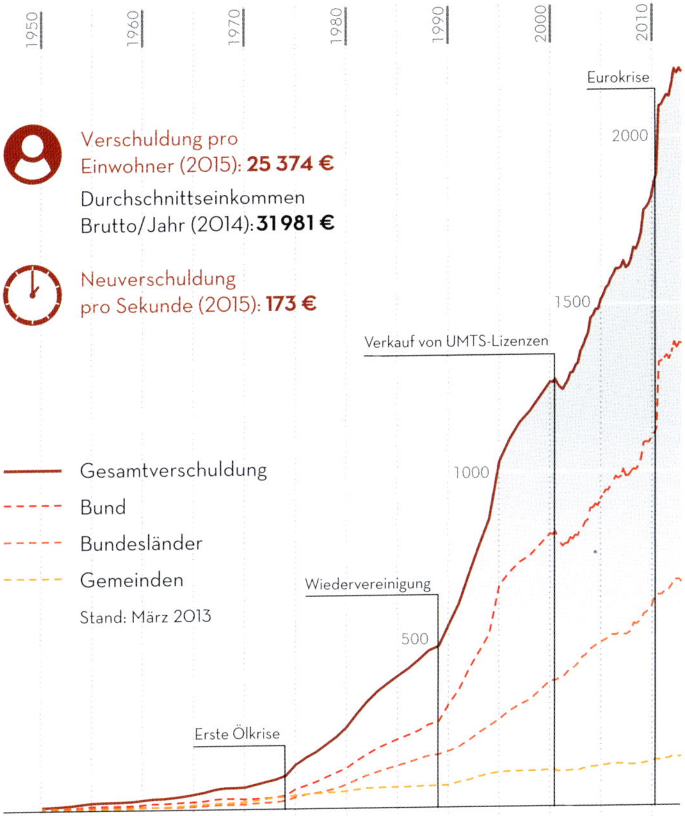

34

Höchste Instanzen

Wichtige Bundesbehörden und -gerichte außerhalb Berlins

■ Behörden ■ Gerichte

Bundessozialgericht (BSG)
Oberstes Sozialgericht

Bundesamt für Verfassungsschutz (BfV)
Inlandsnachrichtendienst

Militärischer Abschirmdienst (MAD)
Nachrichtendienst der Bundeswehr

Bundeskartellamt (BKartA)

Bundeszentrale für politische Bildung (bpb)

Bundeskriminalamt (BKA)
Zentralstelle der Verbrechensbekämpfung

Statistisches Bundesamt (Destatis)

Bundesgerichtshof (BGH)
Oberstes Gericht für ordentliche Gerichtsbarkeit

Bundesverfassungsgericht (BVerfG)
Oberstes Gericht in Verfassungsfragen

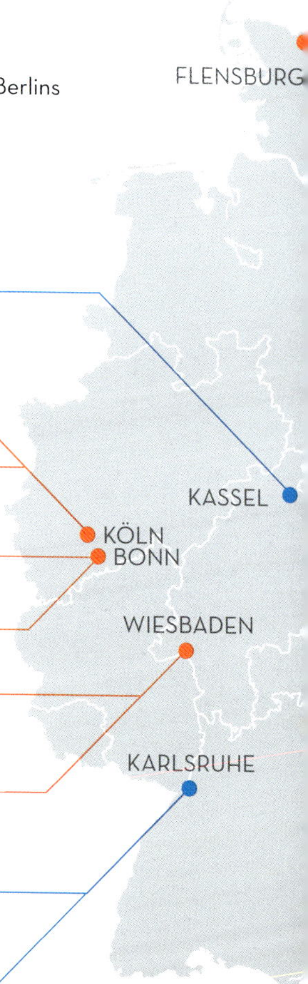

Kraftfahrt-Bundesamt (KBA)

u. a. Verkehrszentralregister

Umweltbundesamt (UBA)

Zentrale Umweltbehörde

Bundesverwaltungsgericht (BVerwG)

Oberstes Gericht in öffentlich-rechtlichen Streitigkeiten

Bundesarbeitsgericht (BAG)

Oberstes Gericht für Arbeitsrecht

Bundesagentur für Arbeit (BA)

Dienstleistungen für den Arbeits- und Ausbildungsmarkt

Bundesfinanzhof (BFH)

Oberster Gerichtshof des Bundes für Steuern und Zölle

Deutsches Patent- und Markenamt (DPMA)

Zentralbehörde auf dem Gebiet des gewerblichen Rechtsschutzes

Bundesnachrichtendienst (BND)

Auslandsnachrichtendienst

35

Schlapphüte

Deutsche Geheimdienste

Eine Figur steht für 50 Mitarbeiter

BUNDESÄMTER

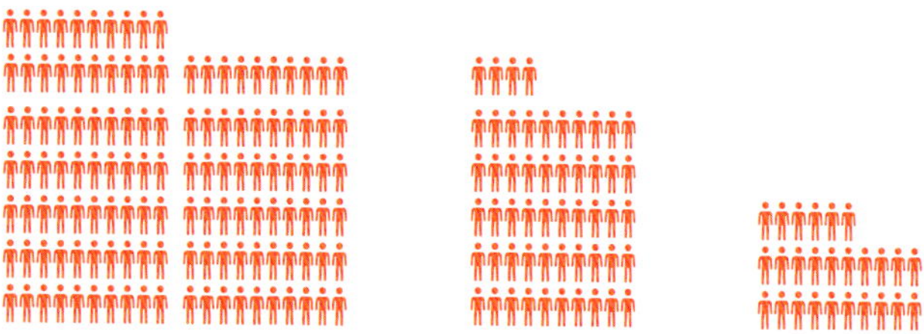

6500
BND
Bundesnachrichtendienst
PULLACH / BERLIN

2700
BfV
Bundesamt für Verfassungsschutz
KÖLN

1300
MAD
Amt für den Militärischen Abschirmdienst
KÖLN

VERFASSUNGSSCHUTZ IN DEN BUNDESLÄNDERN

36

Die Willensbilder

Parteien nach Mitgliederzahlen von 1990 bis 2013

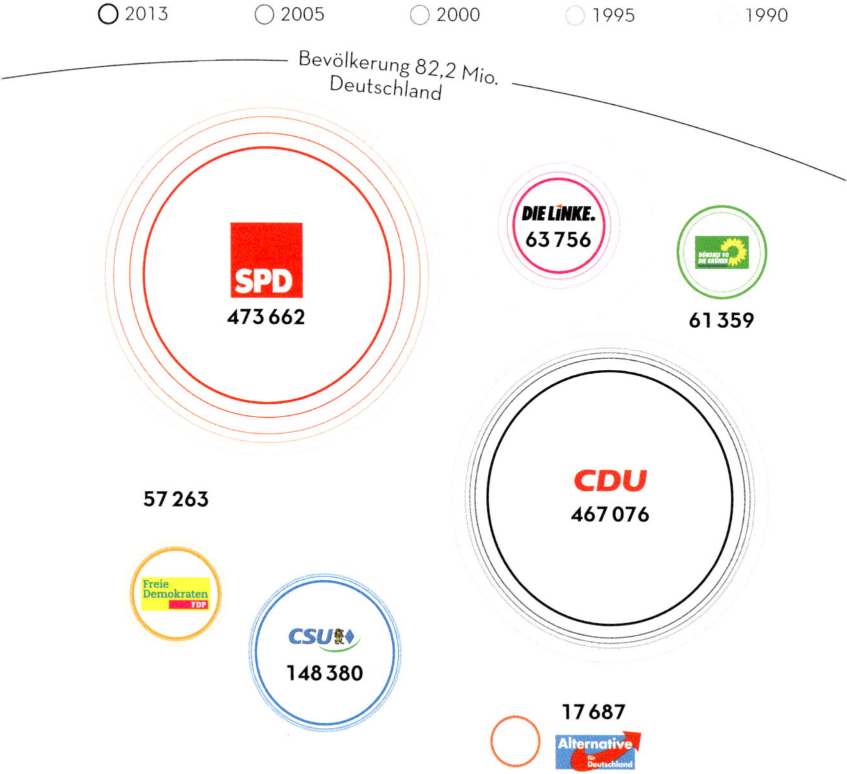

37

Die Einflussreichen

Verbände, Vereine und Stiftungen. Mitgliederzahlen in Millionen

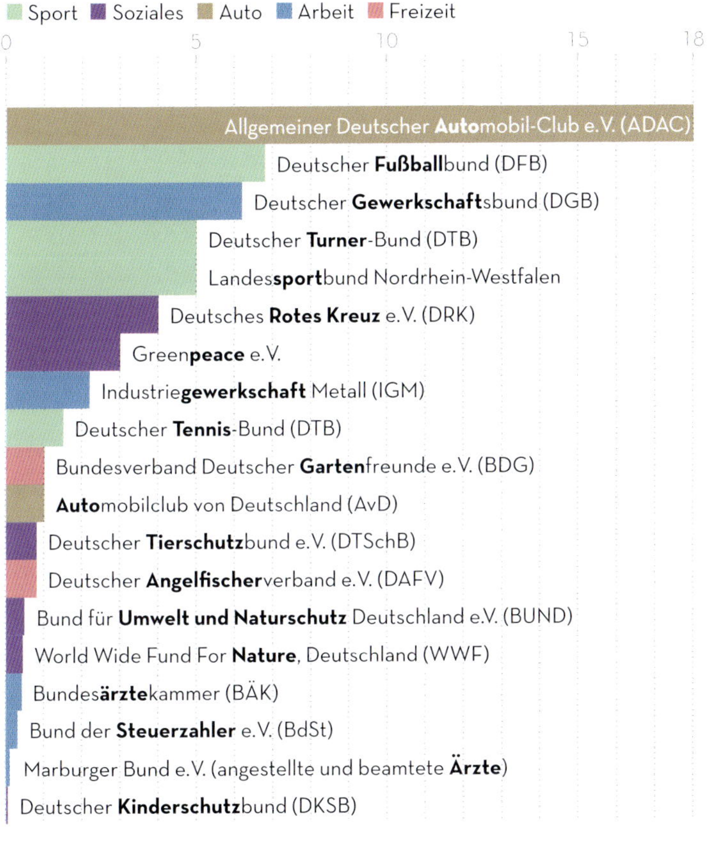

Demografie

38

Zu alt?

Alterspyramide

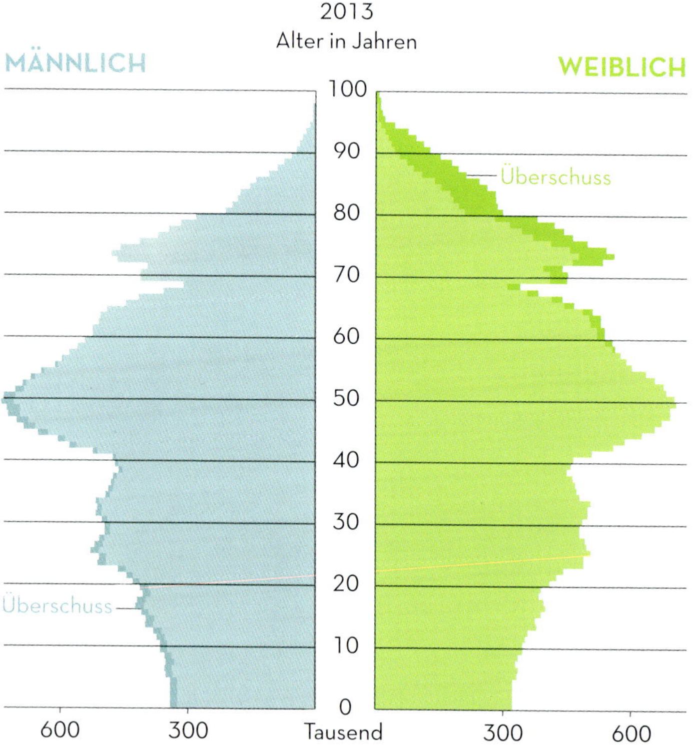

39

Nationale Vielfalt

In Deutschland leben 6 169 400 Menschen mit fremder Staatsbürgerschaft (in Deutschland geboren oder zugewandert). Unter den zehn häufigsten Herkunftsländern befinden sich:

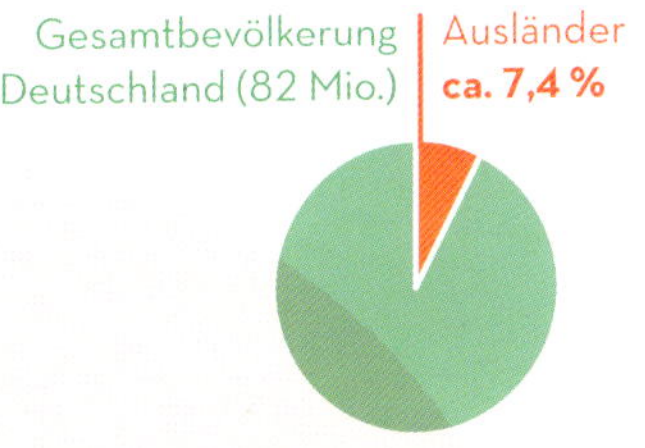

1 607 161 Türkei
520 159 Italien
468 481 Polen
283 684 Griechenland
223 014 Kroatien
197 984 Serbien (mit Kosovo)
195 310 Russische Föderation
175 926 Österreich
159 222 Rumänien
153 470 Bosnien & Herzegowina

40

Schwere Jungs & Mädels

Insgesamt wurden in Deutschland im Jahr 2014 rund sechs Millionen Straftaten erfasst.

Angaben in Prozent

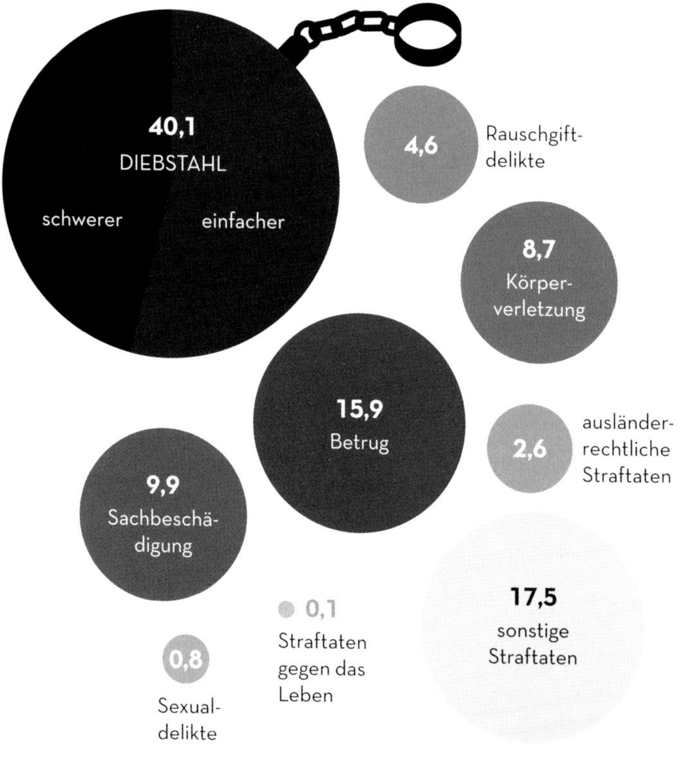

41

Todesursachen

Todesfälle nach den zehn häufigsten Ursachen

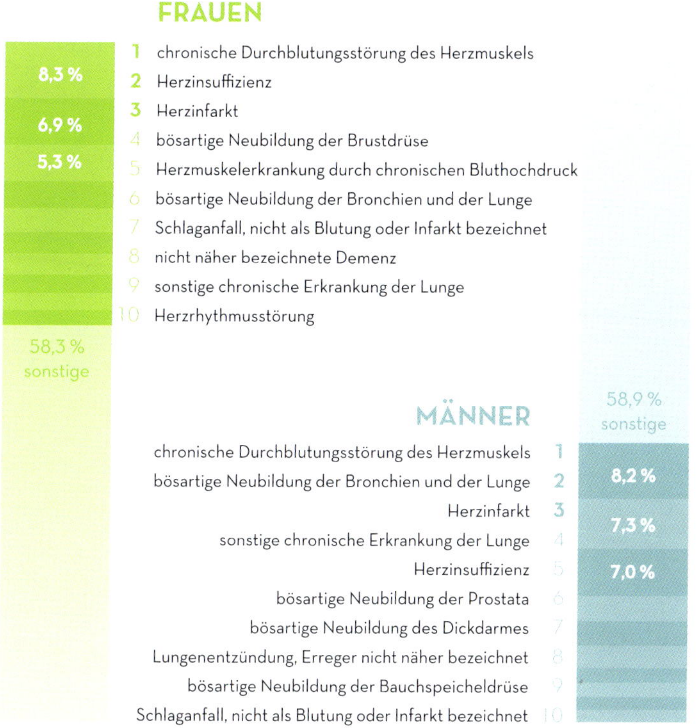

Wirtschaft & Technik

42

Bahnbrechend

Erfindungen

1790 **HOMÖOPATHIE**
Samuel Hahnemann

1450 **BUCHDRUCK**
Johannes Gutenberg

1864 **PERIODENSYSTEM**
Julius Lothar Meyer

1881 **STRASSENBAHN**
Werner von Siemens

1859 **TELEFON**
Philipp Reis

1832 **MODERNE REISEFÜHRER**
Karl Baedeker

1876 **OTTOMOTOR**
Nikolaus Otto
1892 **DIESELMOTOR**
Rudolf Diesel

1885 **REITWAGEN**
Gottlieb Daimler

1886 **AUTO**
Carl Benz

1897 **ASPIRIN**
Felix Hoffmann

1899 **BÜSTENHALTER**
Christine Hardt

1902 **ZÜNDKERZE**
Robert Bosch

1930 **FERNSEHEN**
Manfred von Ardenne

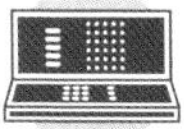

1941 **COMPUTER Z3**
Konrad Zuse

1995 **MP3-FORMAT**
Karlheinz Brandenburg

43

Ganz Gescheite

Wissenschaftler

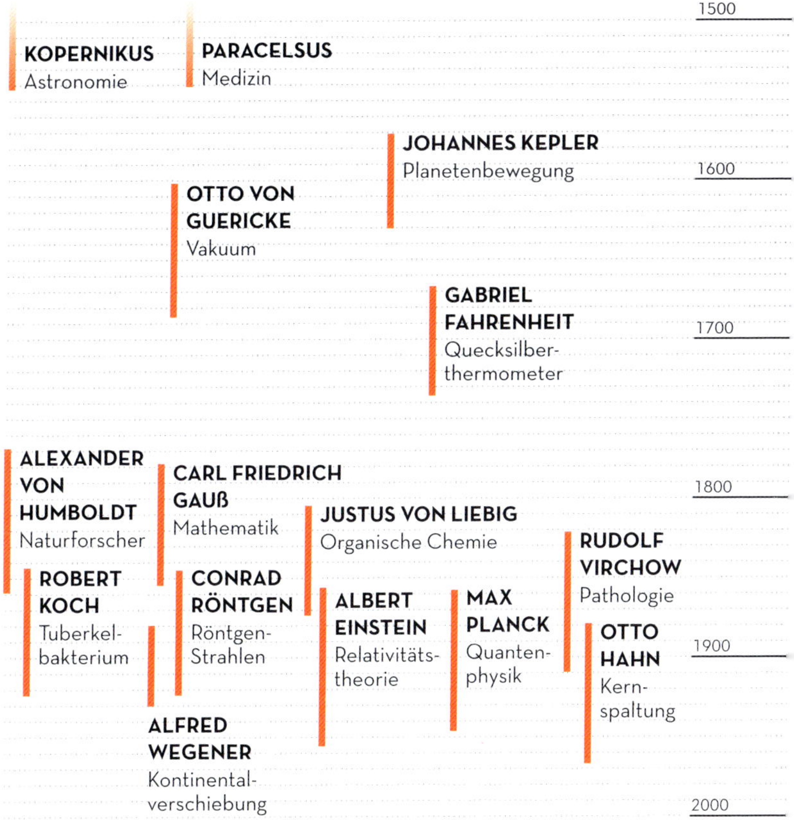

44

Höchste Weihen

Nobelpreisträger

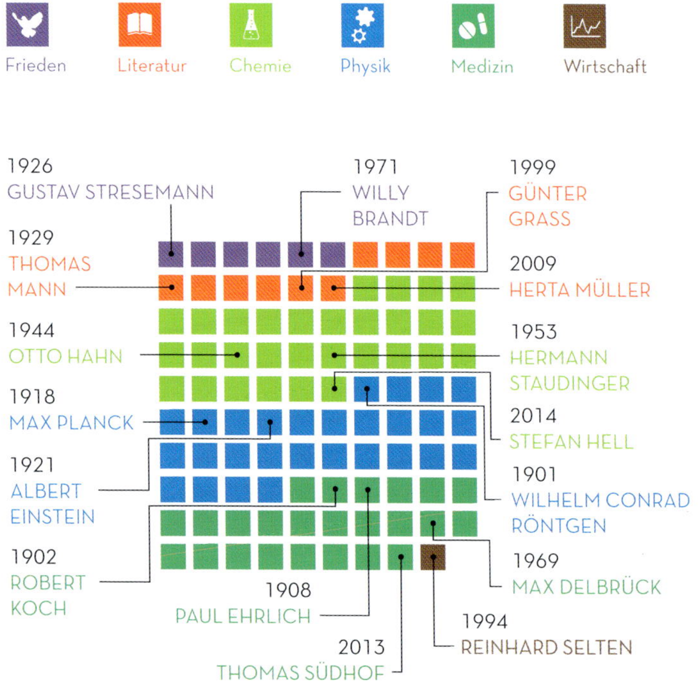

45

Space Cowboys

Astronauten und Kosmonauten

Sigmund Jähn	9 Tage (1978)
Ulf Merbold	55 Tage (1983,1992,1994)
Reinhard Furrer	7 Tage (1985)
Ernst Messerschmid	7 Tage (1985)
Klaus-Dietrich Flade	7 Tage (1992)
Ulrich Walter	10 Tage (1993)
Hans Schlegel	22 Tage (1993, 2008)
Thomas Reiter	350 Tage (1995, 2006)
Reinhold Ewald	18 Tage (1997)
Gerhard Thiele	11 Tage (2000)
Alexander Gerst	165 Tage (2014)

46

Über den Wolken

Die zehn wichtigsten Errungenschaften der deutschen Luftfahrt

FLUG MIT EINEM ORNITHOPTER
Carl Friedrich Meerwein
(1773–1810)

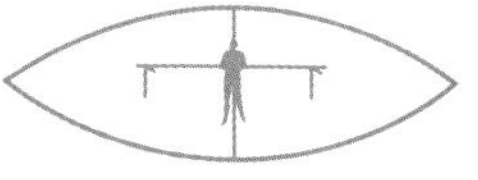

ERSTER GLEITFLUG
Albrecht Ludwig Berblinger
(1770–1829)

GLEITFLÜGE (250 m)
Karl Wilhelm Otto Lilienthal
(1848–1896)

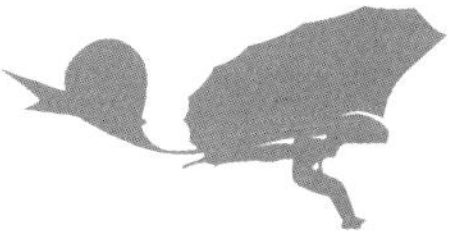

FLUG MIT EINEM ZEPPELIN
Ferdinand Graf von Zeppelin
(1838–1917)

ERSTE DEUTSCHE MOTORFLUGZEUGE
August Euler
(1868–1957)

„Gelber Hund" (1912), erste deutsche Luftpost

Junkers J1 (1915)

ERSTES GANZMETALLFLUGZEUG
Hugo Junkers
(1859–1935)

FLUGZEUGPIONIER
Willy Messerschmitt
(1898–1978)

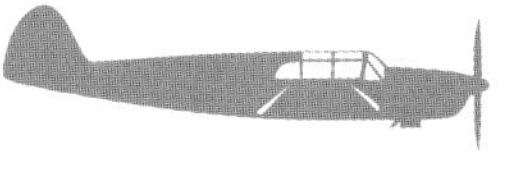

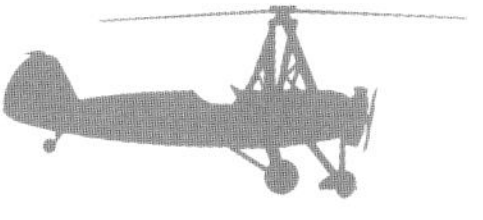

ERSTER HUBSCHRAUBER
Heinrich Focke
(1890–1979)

ERSTES STRAHLFLUGZEUG
Ernst Heinkel
(1888–1958)

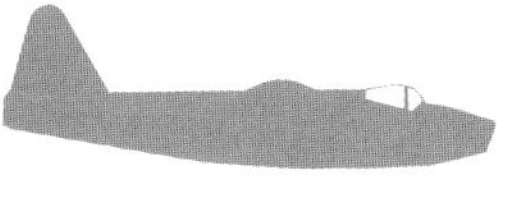

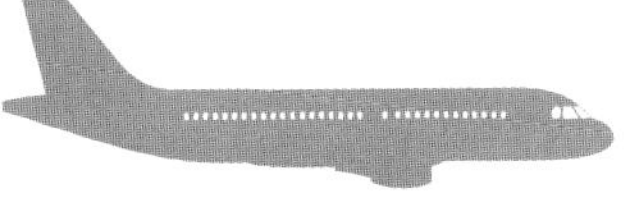

AIRBUS A318, A319, A320
Endmontage in Hamburg
(seit 1987)

47

Deutsche Lieblinge

Der Bestand an Fahrzeugen der beliebtesten Automarken

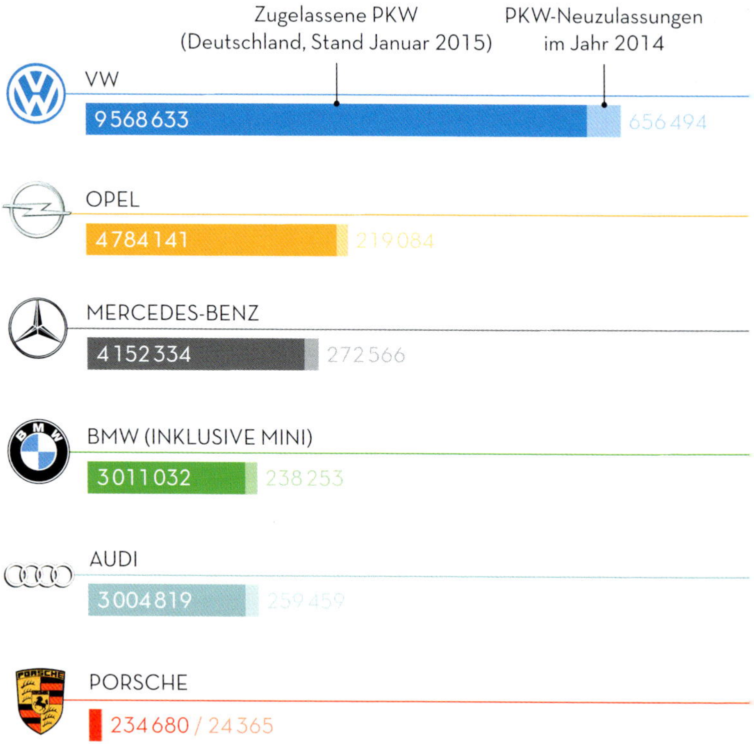

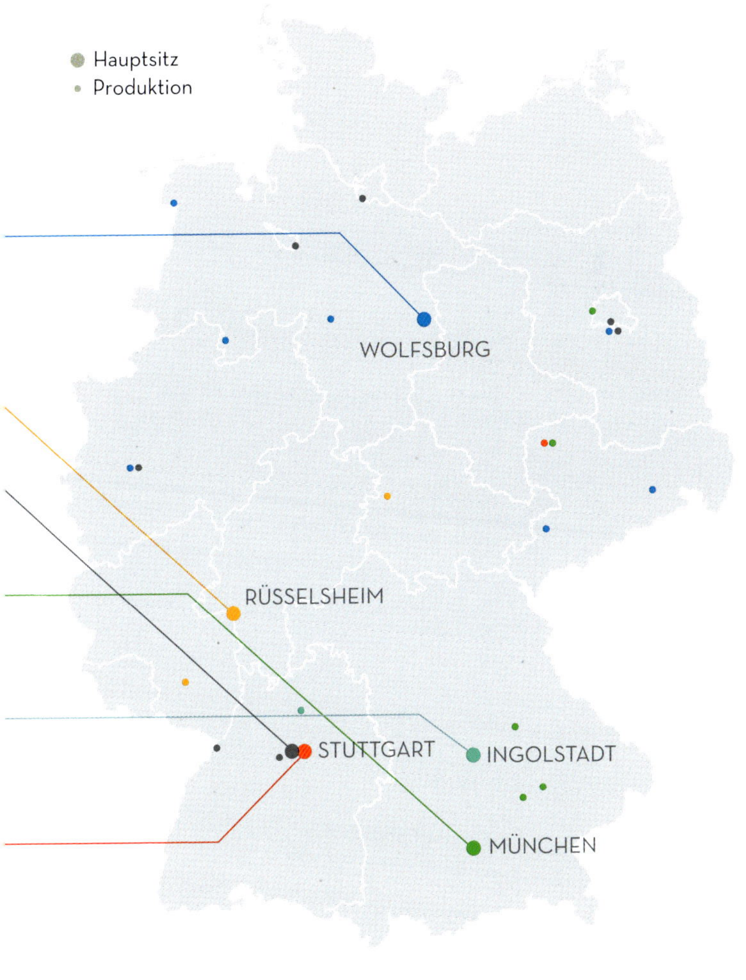
Hauptsitz
Produktion
WOLFSBURG
RÜSSELSHEIM
STUTTGART
INGOLSTADT
MÜNCHEN

48

Wer hat, der hat

Die reichsten Deutschen und deren Vermögen in Milliarden Euro

Ein Geldbündel steht für 5 Milliarden Euro

24

Georg Schaeffler
Schaeffler Gruppe

19,6

Beate Heister & Karl Albrecht Jr.
ALDI Süd

17,8

Dieter Schwarz
Schwarz-Gruppe (u. a. Kaufland, Lidl)

17,5

Theo Albrecht Jr. und Familie
ALDI Nord

16,7

Michael Otto und Familie
Otto Group

15,5

Susanne Klatten
(geb. Quandt)
Anteile: BMW AG, Altana AG, Nordex SE, SGL Carbon

14,4

Stefan Quandt
(Bruder von S. Klatten)
Delton AG
Anteile: BMW AG

12,8

Johanna Quandt
(Mutter von S. Klatten und Stefan Quandt)
Anteile: BMW AG

10,9

Klaus-Michael Kühne
Kühne + Nagel

49

Am Netz

Anteil der deutschen Haushalte mit Internetzugang
von 2002 bis 2012 in Prozent

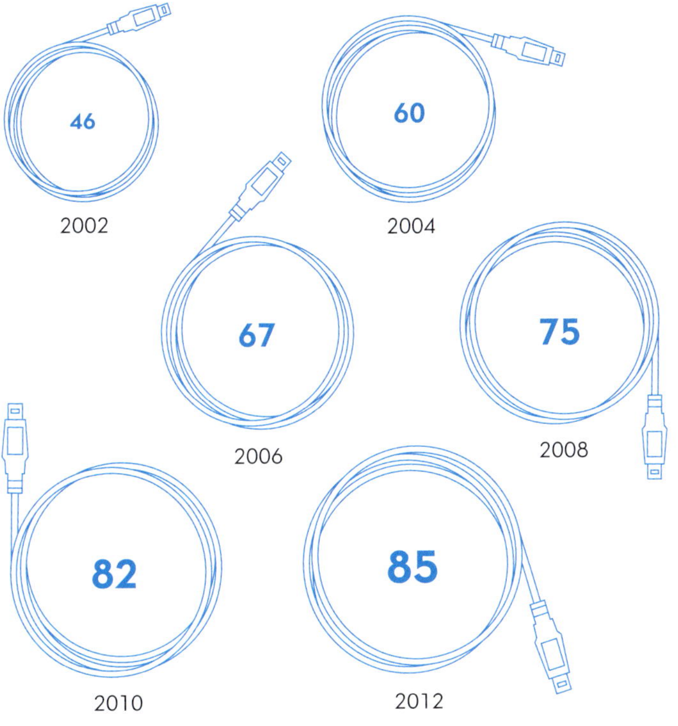

50

Angekommen

Postleitzahlen: Angabe der ersten beiden Ziffern für die jeweilige Region

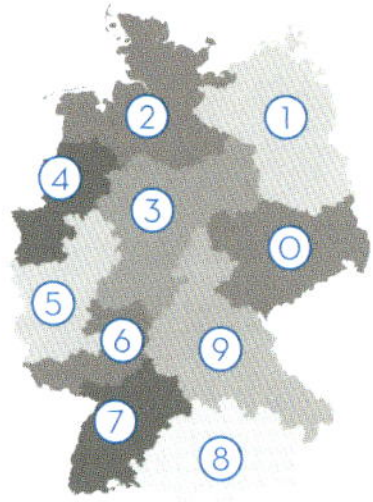

Beispiel
Herr Mustermann
Musterstraße 1
12435 Berlin
Deutschland

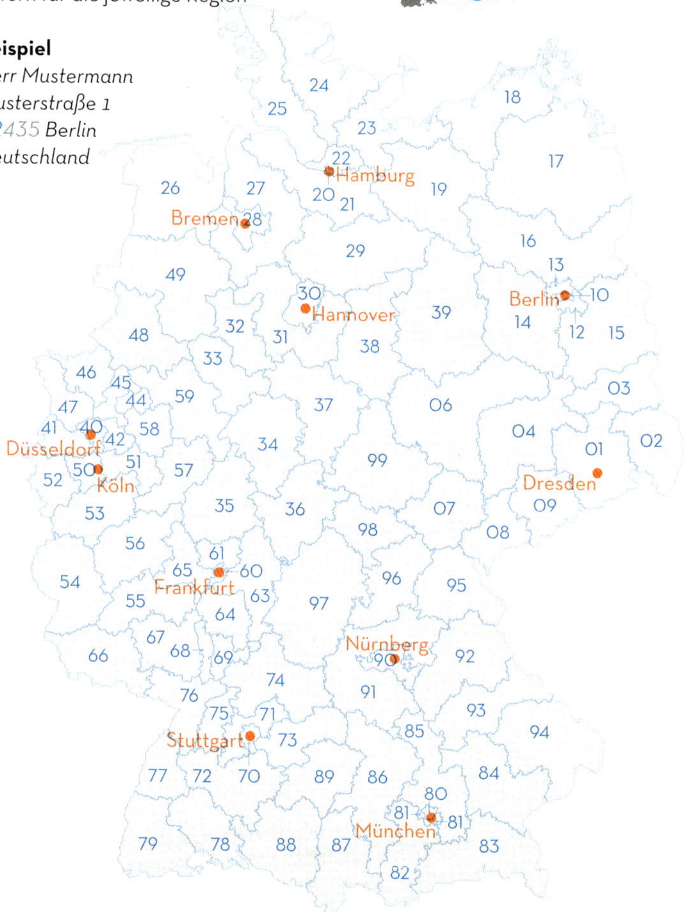

51

Richtig verbunden

Telefonvorwahlen

Telefonnummer
030 / 123 45 67 89

Internationale Vorwahl
0049 / 30 / 123 45 67 89

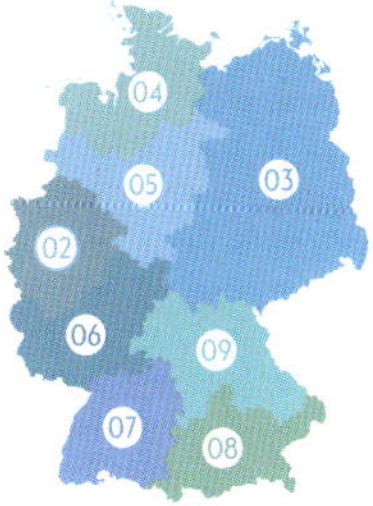

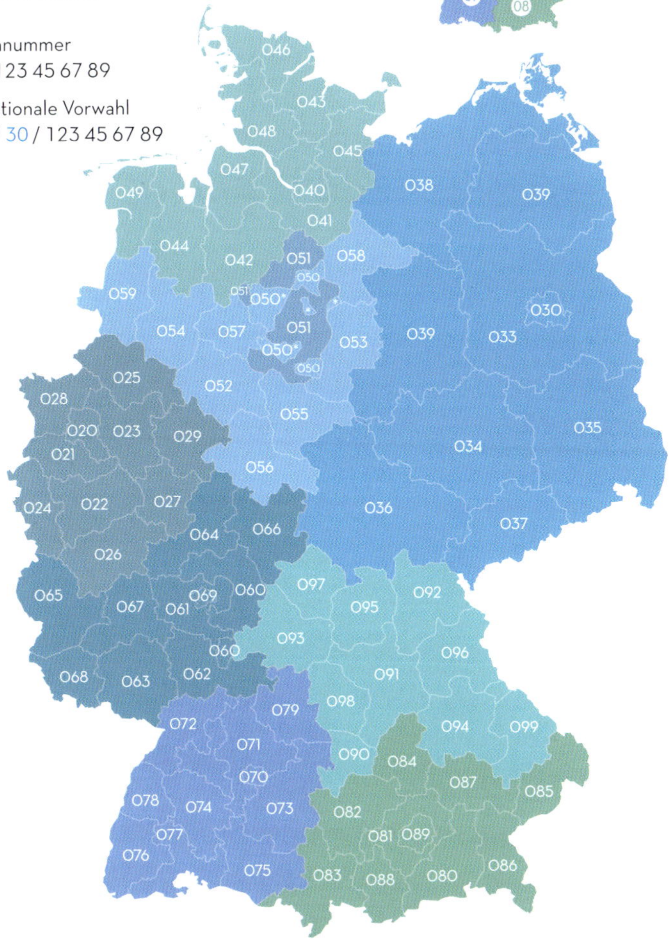

Mobilität

52

Woher?

Autokennzeichen

Unterscheidungszeichen für den Verwaltungsbezirk 1–3 Buchstaben

Prüfplakette (hinten). Im Beispiel: Geprüft bis 12/2016

EU-Kennzeichnung (seit 1994)

Siegel der Zulassungsbehörde (Bundesland und Stadt/Kreis/Gemeinde)

Erkennungsnummer aus 1–2 Buchstaben und 1–4 Ziffern

Oldtimer-Kennzeichen
Mit „H“ am Ende, für historisch erhaltenswerte, mind. 30 Jahre alte Fahrzeuge

Rote Kennzeichen
Für Probe- und Überführungsfahrten. Die Zahl beginnt immer mit „05“ oder „06“

Grüne Kennzeichen
Für steuerbefreite Fahrzeuge (Landwirtschaft, gemeinnützige Organisationen, Arbeitsmaschinen, etc.)

Saisonkennzeichen
Hier: Mai bis Oktober

Kurzzeitkennzeichen
Gelten nur fünf Tage, Ablaufdatum im Beispiel: 21.09.2016

Weitere besondere Kennzeichen:

Exportkennzeichen

Y – Bundeswehr

0 – Diplomat/Botschaft

B 4 – Polizei (Berlin)

Bundespräsident/-in

Bundeskanzler/-in

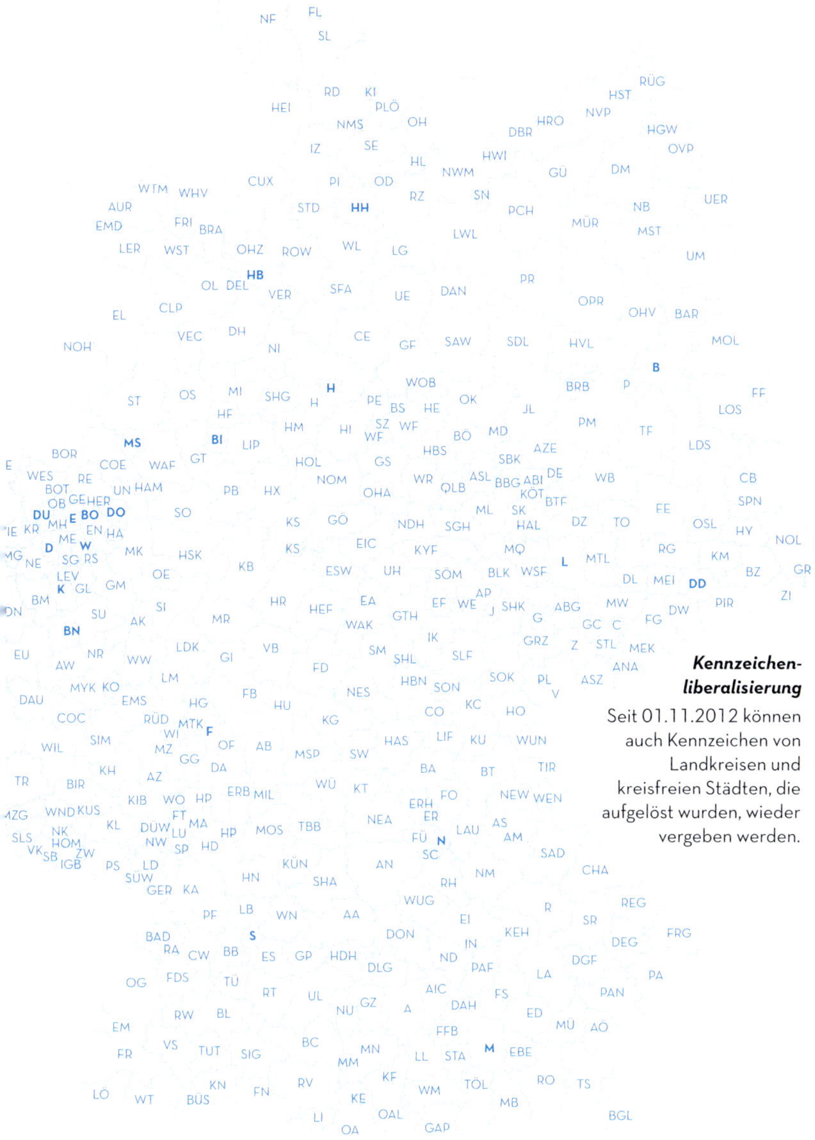

Kennzeichen-liberalisierung

Seit 01.11.2012 können auch Kennzeichen von Landkreisen und kreisfreien Städten, die aufgelöst wurden, wieder vergeben werden.

53

Asphaltbänder

Die fünf längsten Autobahnen

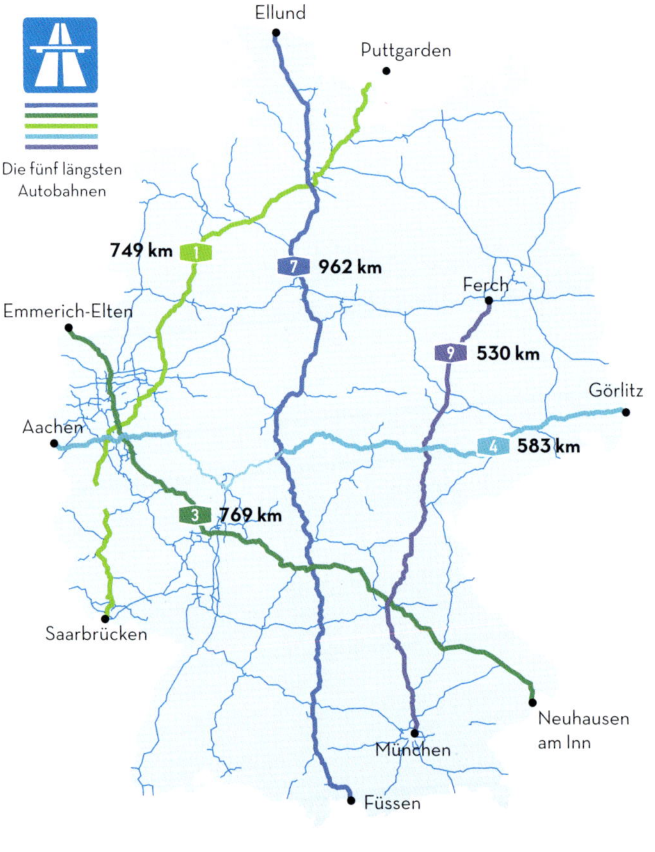

54

Schienenstränge

ICE-Netz 2013

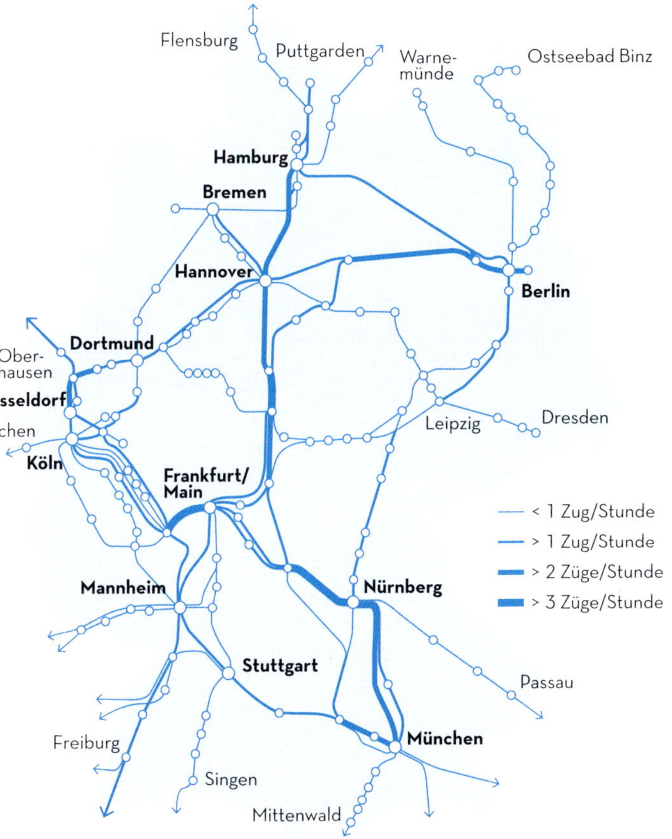

55

Netzwerk

Verkehrsnetz nach Streckenlänge

Gemeindestraßen
413 000 km

Personenverkehr – Anteil an Beförderungsleistung

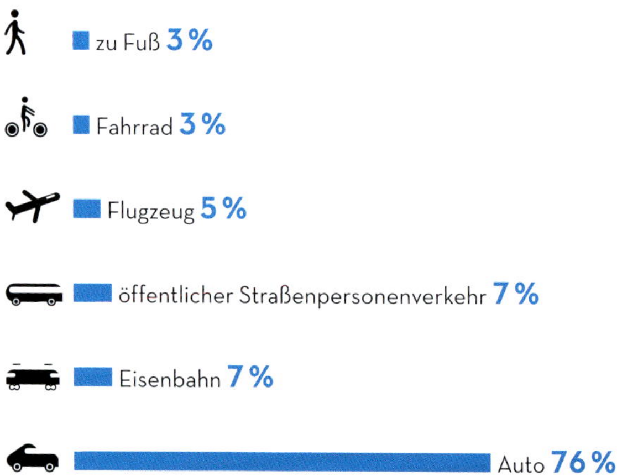

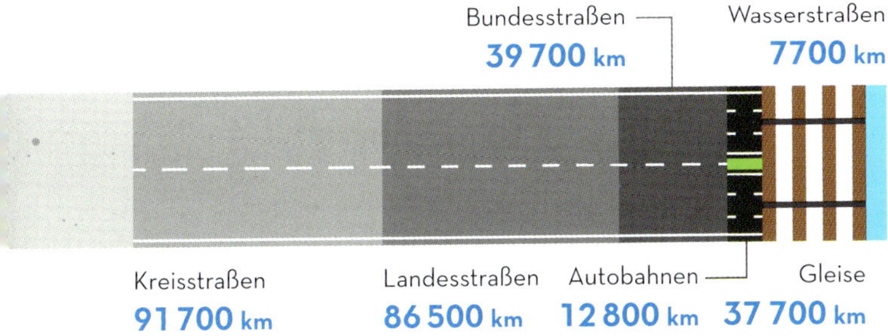

CO_2-Emission nach Verkehrsträgern

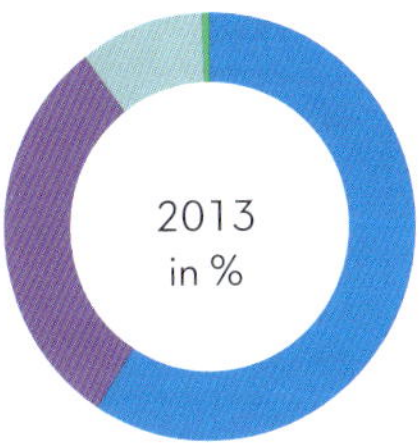

58,3 motorisierter Individualverkehr

30,1 Güterverkehr

9,6 Luftverkehr

0,4 öffentlicher Nah- und Fernverkehr

Tote im Straßenverkehr pro 100 000 Einwohner

wenigste: 1,2 (Berlin)

meiste: 7,9 (Schleswig-Holstein)

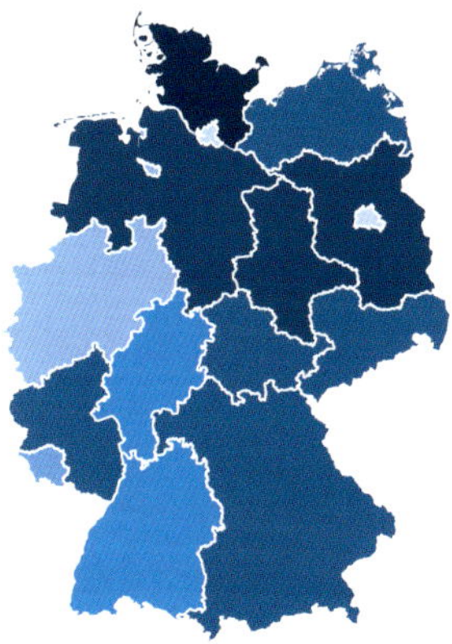

56

Start & Landung

Die zehn größten Flughäfen und die
Anzahl der Passagiere in Millionen

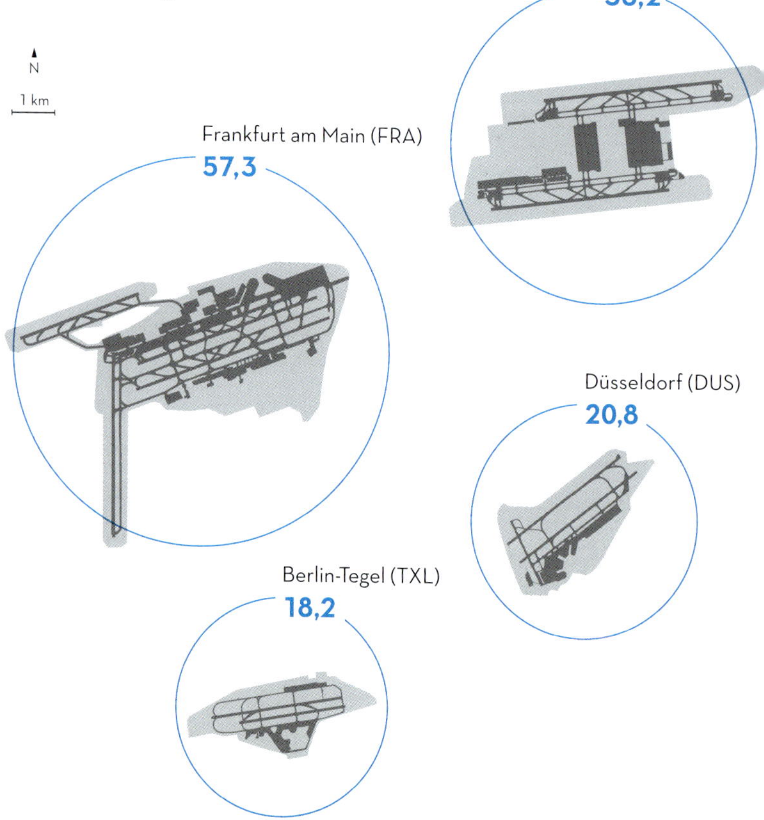

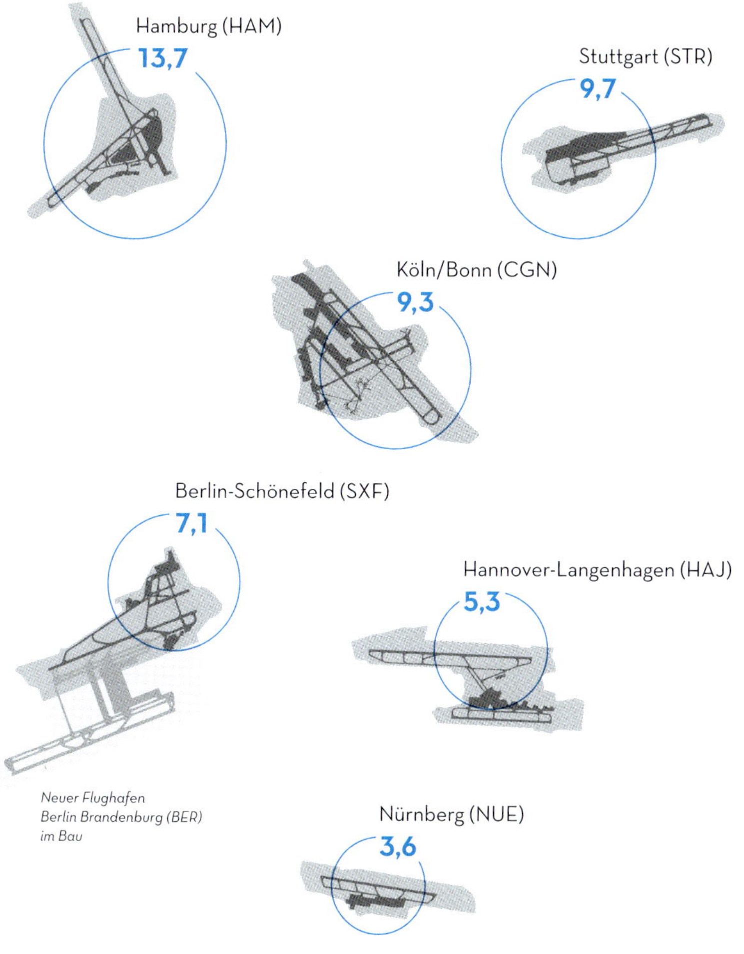
Hamburg (HAM)
13,7
Stuttgart (STR)
9,7
Köln/Bonn (CGN)
9,3
Berlin-Schönefeld (SXF)
7,1
Hannover-Langenhagen (HAJ)
5,3
Neuer Flughafen
Berlin Brandenburg (BER)
im Bau
Nürnberg (NUE)
3,6

Leben

57

Mädchen & Jungs

Beliebteste Vornamen für Mädchen 2014

SOPHIE 1 SOFIE

MARIE 2

SOFIA SOPHIA 3

MARIA 4

5 Emma

MIA 6

7 HANNA H

EMILIA 8

9 ANNA

10 Johanna

Beliebteste Vornamen für Jungen 2014

1 MAXIMILIAN

2 ALEXANDER

Paul 3

ELIAS 4

LUIS
LOUIS 5

LUCA 6
LUKA

BEN 7

8 Leon

9 LUCAS
LUKAS

10 NOAH

58

Müller & Co.

Häufigste Nachnamen

1 MÜLLER UE

SCHNEIDER 3

5 MEYER

Weber 6

8 WAGNER

BECKER 9

13 BAUER

SCHRÖDER OE 14

SCHMIDT 2

FISCHER 4

SCHULZ 7

HOFMANN 10

SCHÄFER 11 AE

KOCH 12

KLEIN 15

RICHTER 16

WOLF 17

59

Auf's Maul geschaut

Mundarten

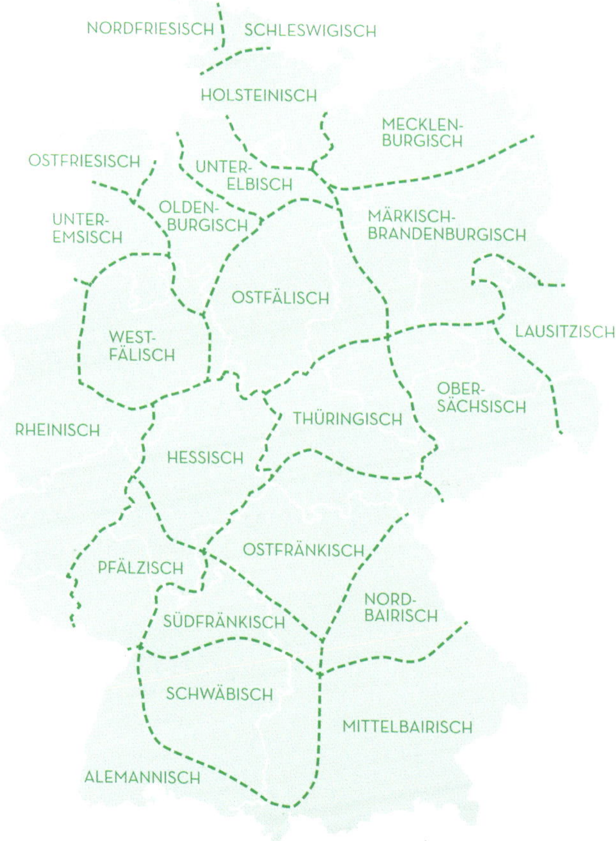

60

Glaubenssache

Anzahl der Mitglieder in Religionsgemeinschaften in Millionen

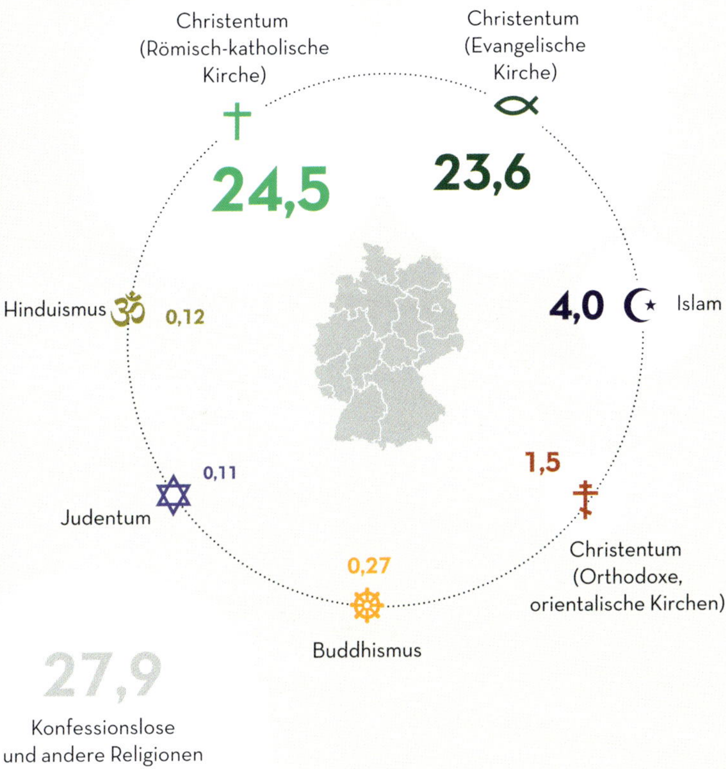

61

Frei!

Die wichtigsten gesetzlichen Feiertage

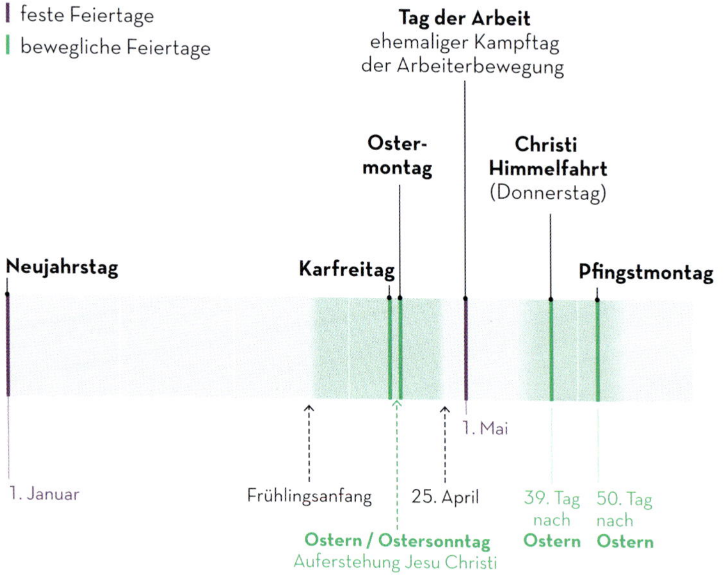

Der **Ostersonntag** ist der erste Sonntag nach dem ersten Frühlingsvollmond. Dieser kann daher frühestens auf den 22. März fallen. Das letztmögliche Datum für Ostern ist der 25. April.

Karfreitag erinnert an den Kreuztod Jesu Christi und ist Teil der Karwoche. Diese beginnt nach Palmsonntag, umfasst Gründonnerstag und Karfreitag und schließt mit Karsamstag ab.

Christi Himmelfahrt: Christen gedenken an diesem Tag der Rückkehr Jesu Christi, des Sohn Gottes, zu seinem himmlischen Vater.

Pfingsten: Gefeiert wird die Ausgießung des Heiligen Geistes. Dieses Datum wird in der christlichen Tradition auch als Gründung der Kirche verstanden. Pfingsten kommt von griechisch „Fünfzigster Tag“ (pentekostē hēmera / πεντηκοστή ἡμέρα).

Weihnachten:
Die Weihnachtstage beginnen am 24.12. mit dem Heiligen Abend, der jedoch kein offizieller Feiertag ist. Der 25.12. ist der Festtag zur Geburt Jesu Christi. Der 26.12. erinnert in der evangelischen Kirche an die Fleischwerdung des Wortes nach Johannes. In anderen Kirchen ist er als Stephanstag dem heiligen Märtyrer Diakon Stephanus gewidmet.

62

Vereinsmeierei

2012 gab es in Deutschland insgesamt 580 294 Vereine.

Anteil der Tätigkeitsbereiche der Vereine
in Prozent

Anteil der Gründungen in
verschiedenen Tätigkeitsbereichen
in Prozent

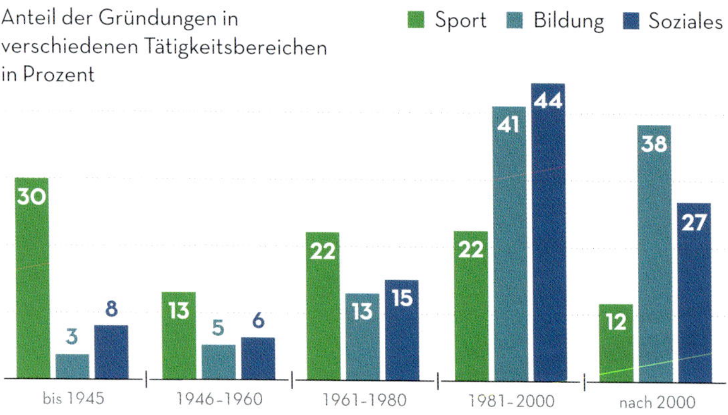

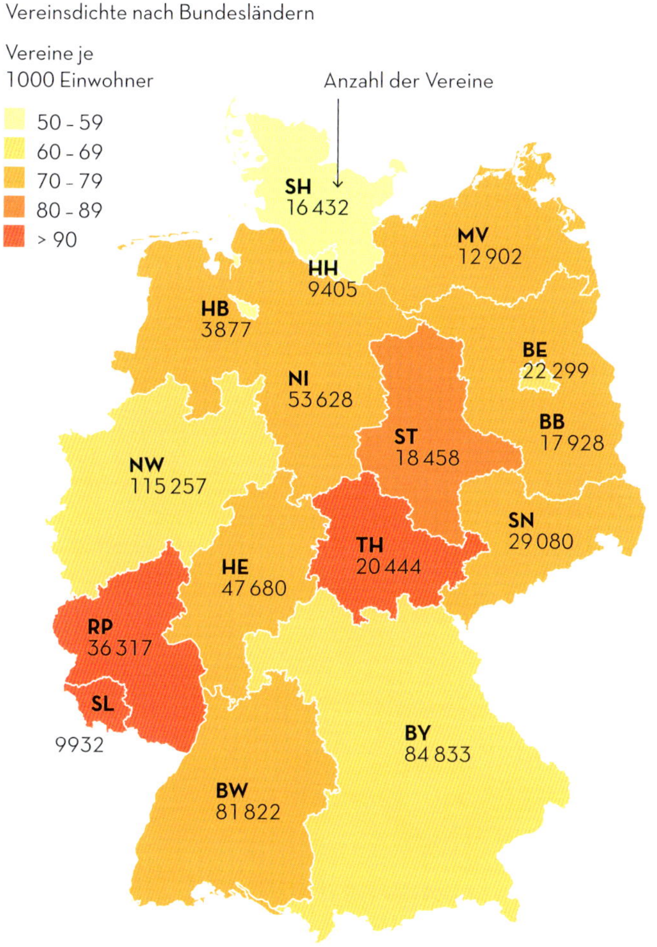
Vereinsdichte nach Bundesländern
Vereine je
1000 Einwohner
50 - 59
60 - 69
70 - 79
80 - 89
> 90
Anzahl der Vereine
SH
16 432
HH
9405
MV
12 902
HB
3877
BE
22 299
NI
53 628
BB
17 928
ST
18 458
NW
115 257
SN
29 080
TH
20 444
HE
47 680
RP
36 317
SL
9932
BY
84 833
BW
81 822

63

Beste Freunde

Die bekanntesten Hunderassen nach Größe

Harzer Fuchs
Deutscher Boxer
Altdeutscher Tiger
Deutscher Schäferhund
Pudel-pointer
Dobermann
Leonberger
Landseer
Deutsche Dogge

64

Gaudeamus igitur!

Die zehn größten Universitäten nach Studentenzahlen

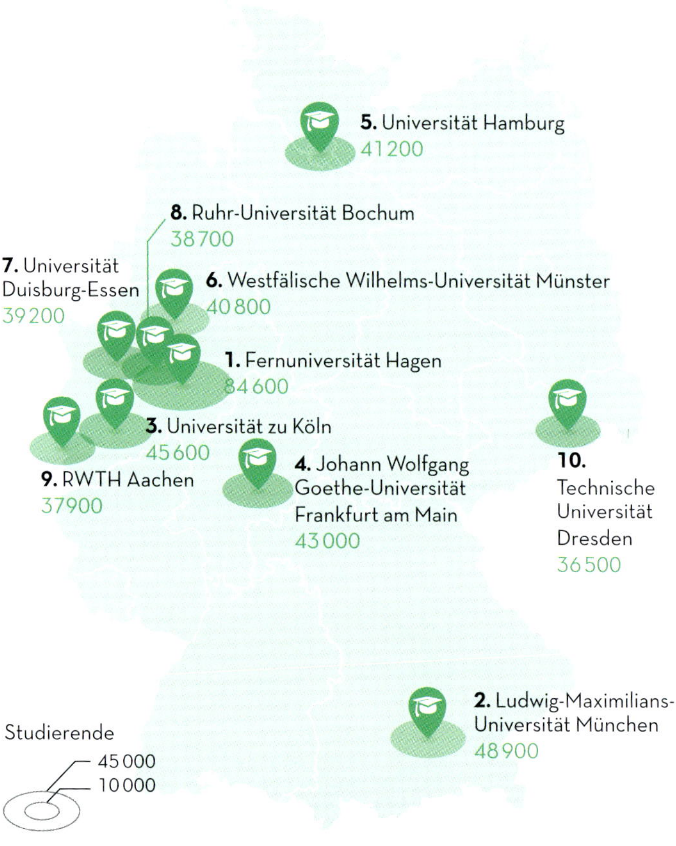

Exzellenzhochschulen

Hochschulen mit Zukunftskonzept
Exzellenzinitiative der Deutschen Forschungsgemeinschaft 15.07.2012

exzellente Lehre
Wettbewerb vom Stifterverband für die deutsche Wissenschaft

Kulinarisches

65

Prost!

Die meistverkauften Biermarken
in Millionen Hektoliter

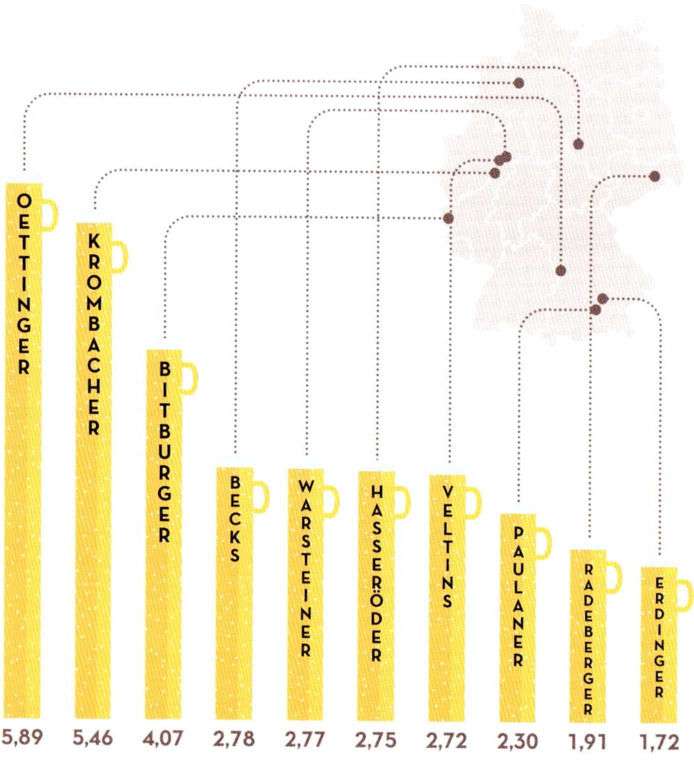

Mahlzeit!

Die beliebtesten Wurstsorten der Deutschen

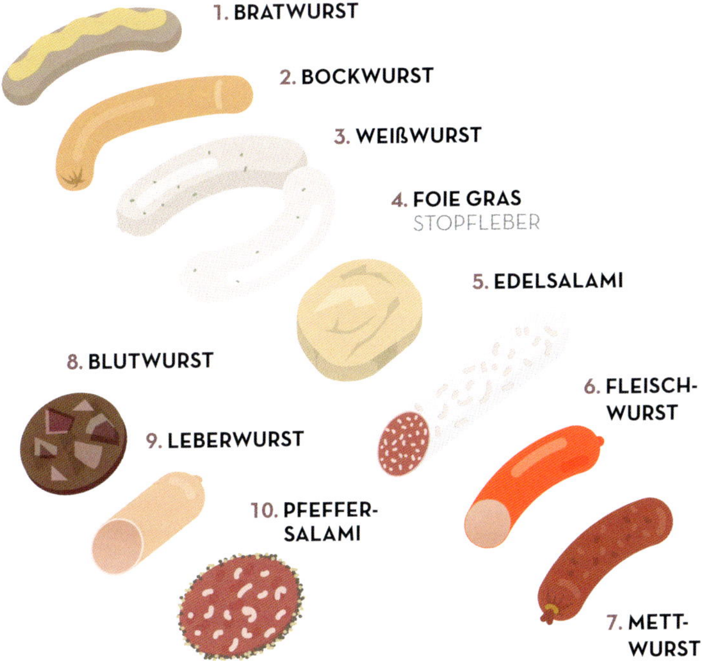

67

Edle Tropfen

Weinproduktion in deutschen Anbaugebieten in Hektoliter

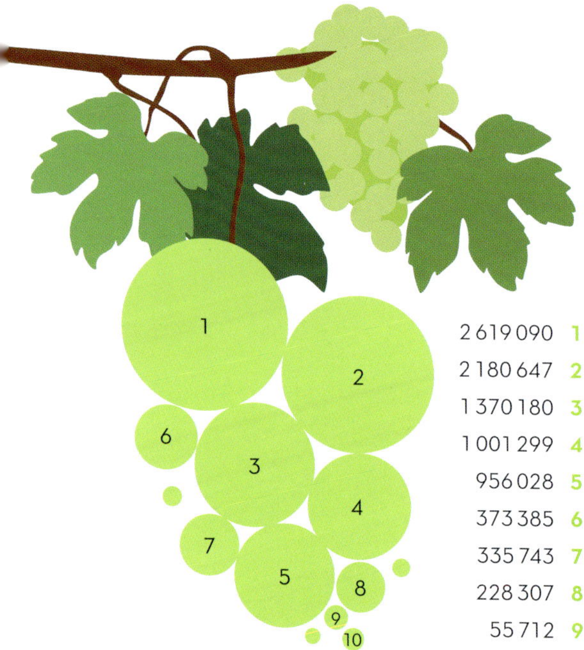

2 619 090	1	Rheinhessen
2 180 647	2	Pfalz
1 370 180	3	Baden
1 001 299	4	Württemberg
956 028	5	Mosel
373 385	6	Franken
335 743	7	Nahe
228 307	8	Rheingau
55 712	9	Saale-Unstrut
46 819	10	Ahr
36 271	11	Mittelrhein
30 847	12	Hessische Bergstraße
23 647	13	Sachsen

Weinanbaugebiete
Anbauflächen
Stargarder Land
Werder/Havel
Saale-
Unstrut
Sachsen
Böddiger Berg
Mittelrhein
Ahr
Rhein-
gau
Mosel
Hessische Bergstraße
Nahe
Franken
Rheinhessen
Pfalz
Regensburg
Württemberg
Baden

68

Leibspeisen

Die beliebtesten Speisen nach ARD-Buffet

1 SCHWEINSBRATEN MIT BIERSOSSE UND KNÖDELN

2 ZWIEBELROSTBRATEN

3 THÜRINGER KLÖSSE MIT ROULADEN

4 RHEINISCHER SAUERBRATEN

5 KOHLROULADE MIT KARTOFFELN

6 SPARGEL MIT BUTTER UND SCHINKEN

7 KÖNIGSBERGER KLOPSE

8 ENTENBRATEN MIT ROTKRAUT UND KASTANIEN

9 MATJES NACH HAUSFRAUENART

10 POMMERSCHER GÄNSEBRATEN

69

Brotzeit

Im Jahr 2012 kauften die Deutschen 1 928 000 Tonnen Brot.

Die beliebtesten Brotsorten

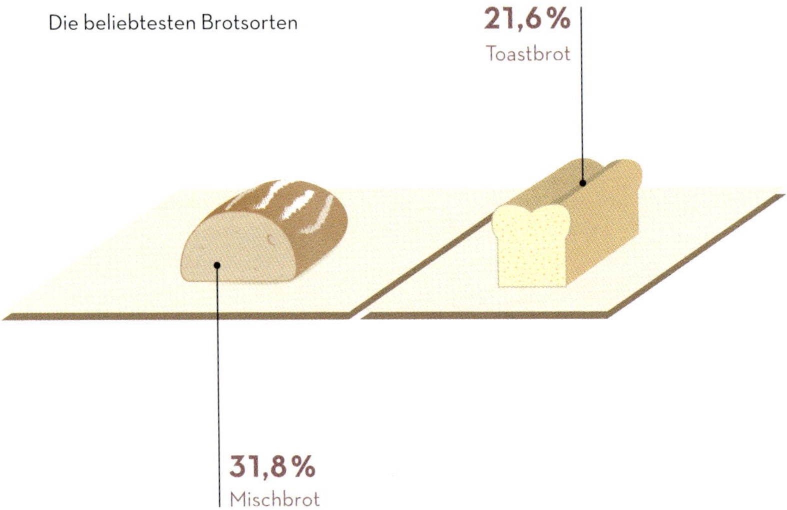

48,6 kg
gekauftes Brot
pro Haushalt im
Jahr 2012

11,5 %
Vollkorn- und
Schwarzbrot
5,0 %
Roggenbrot
14,8 %
Brote mit Körnern
und Saaten
5,4 %
Weizenbrot
9,8 %
sonstige
Sorten

Kultur & Unterhaltung

70

Große Geister

Dichter und Denker

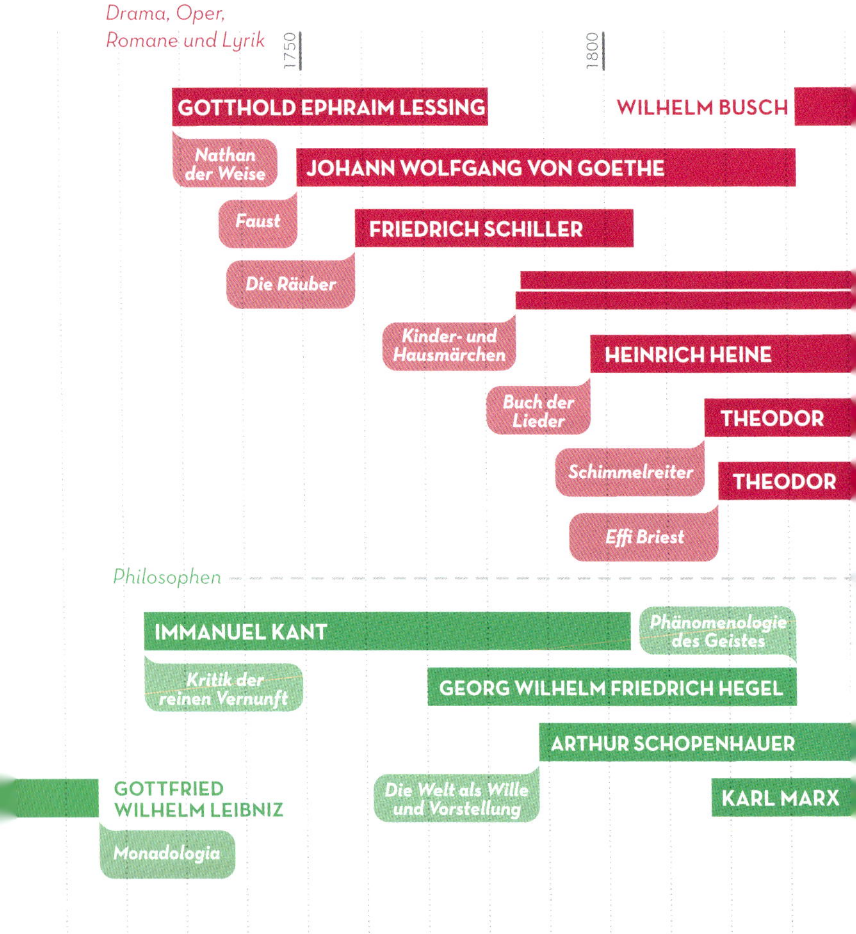

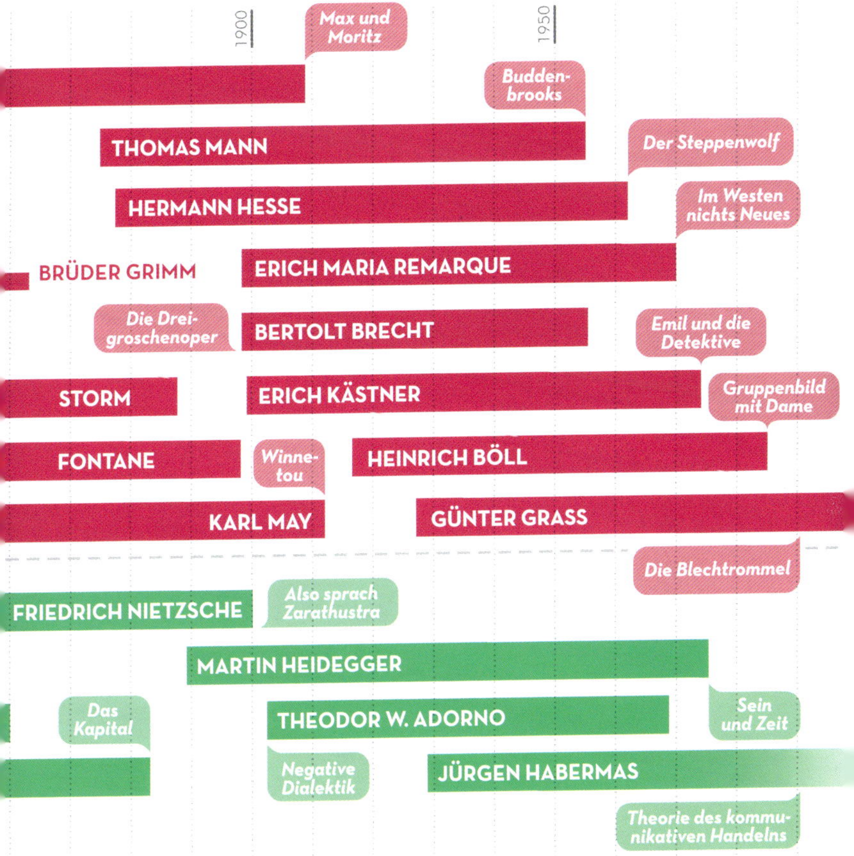
1900
1950
Max und Moritz
Budden-brooks
THOMAS MANN
Der Steppenwolf
HERMANN HESSE
Im Westen nichts Neues
BRÜDER GRIMM
ERICH MARIA REMARQUE
Die Drei-groschenoper
BERTOLT BRECHT
Emil und die Detektive
STORM
ERICH KÄSTNER
Gruppenbild mit Dame
FONTANE
Winne-tou
HEINRICH BÖLL
KARL MAY
GÜNTER GRASS
Die Blechtrommel
FRIEDRICH NIETZSCHE
Also sprach Zarathustra
MARTIN HEIDEGGER
Das Kapital
THEODOR W. ADORNO
Sein und Zeit
Negative Dialektik
JÜRGEN HABERMAS
Theorie des kommu-nikativen Handelns

71

Farbenkönige

Bildende Künstler verschiedener Kunstepochen und eines ihrer wichtigsten Werke

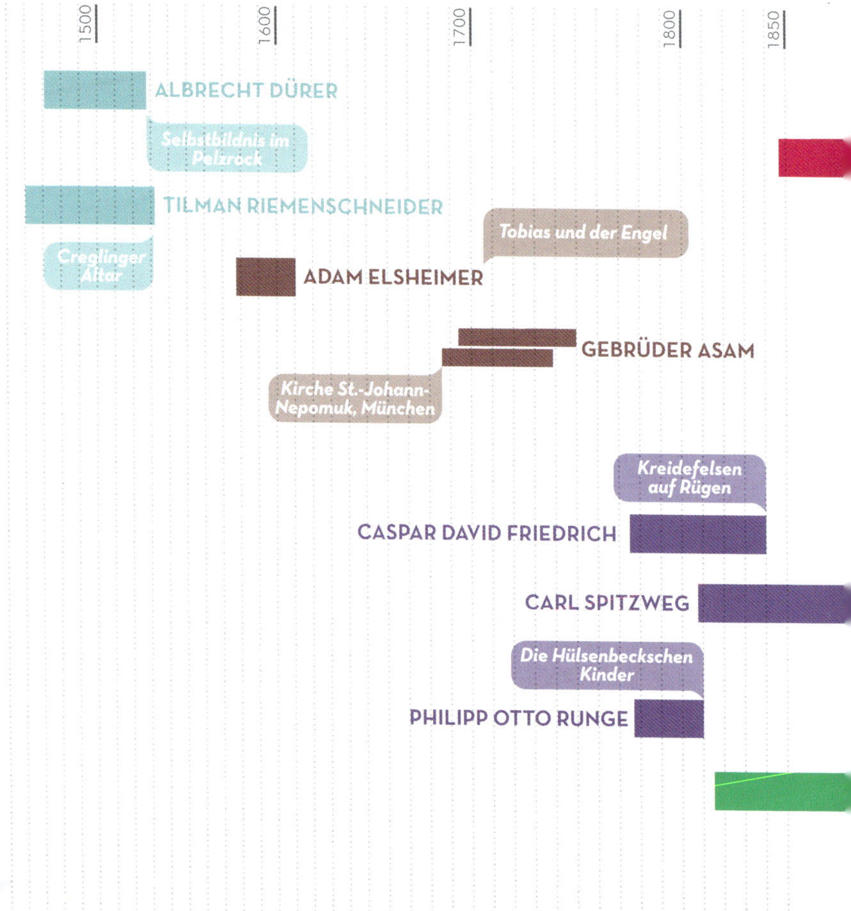

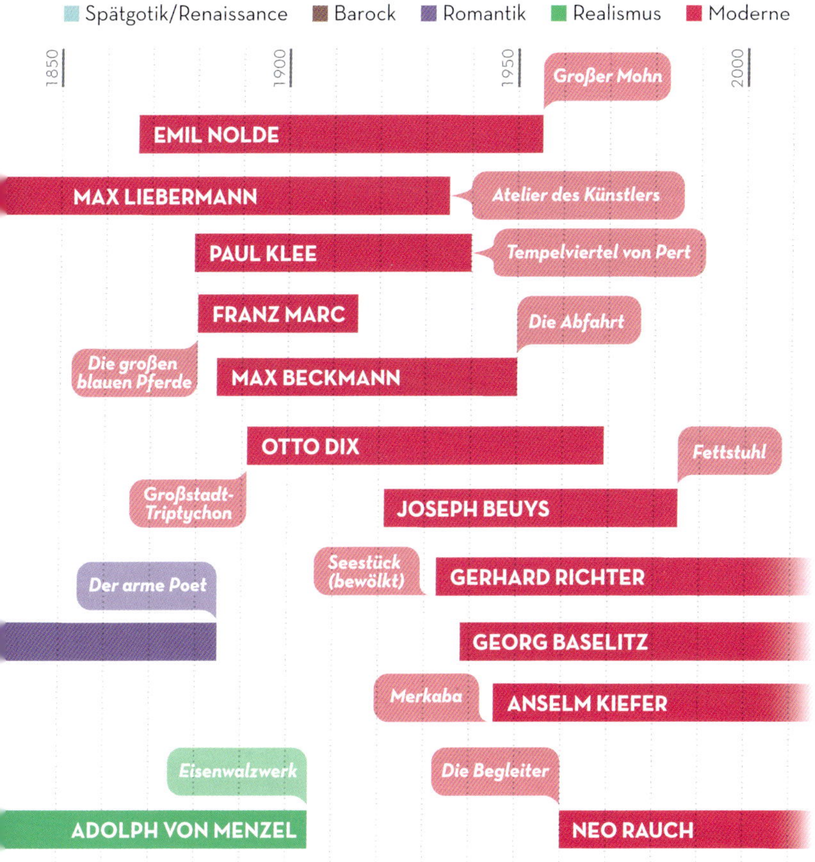

Spätgotik/Renaissance
Barock
Romantik
Realismus
Moderne
1850
1900
1950
2000
Großer Mohn
EMIL NOLDE
MAX LIEBERMANN
Atelier des Künstlers
PAUL KLEE
Tempelviertel von Pert
FRANZ MARC
Die Abfahrt
Die großen blauen Pferde
MAX BECKMANN
OTTO DIX
Fettstuhl
Großstadt-Triptychon
JOSEPH BEUYS
Seestück (bewölkt)
GERHARD RICHTER
Der arme Poet
GEORG BASELITZ
Merkaba
ANSELM KIEFER
Eisenwalzwerk
Die Begleiter
ADOLPH VON MENZEL
NEO RAUCH

72

Tonmeister

Berühmte Komponisten musikalischer Epochen
und eines ihrer wichtigsten Werke

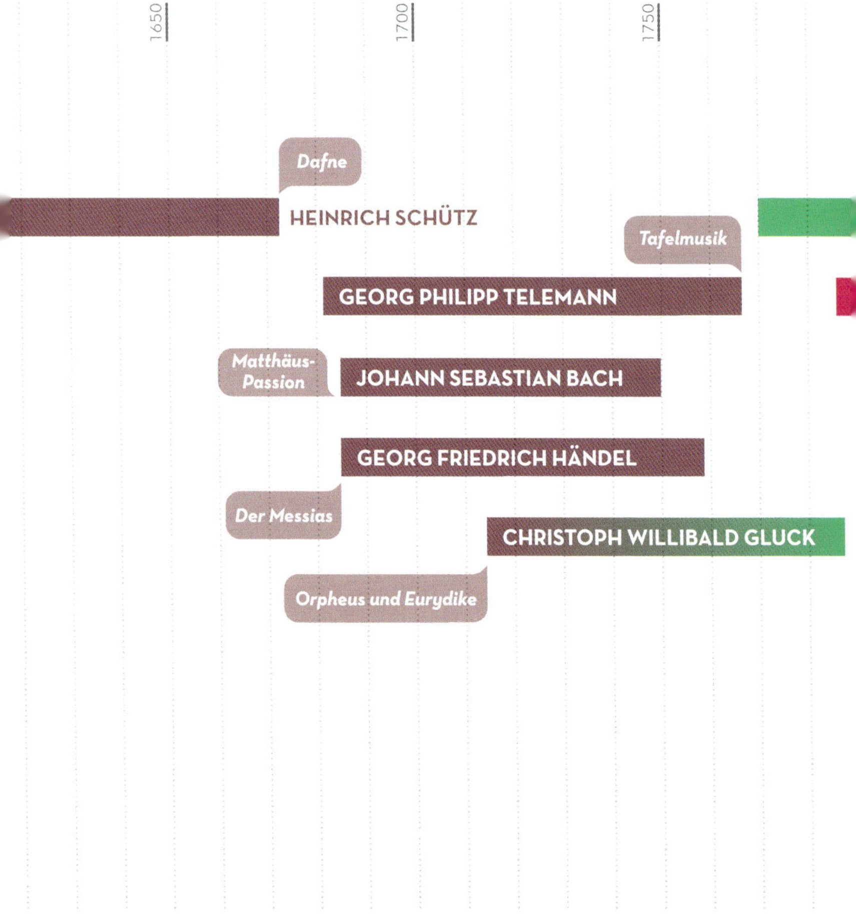

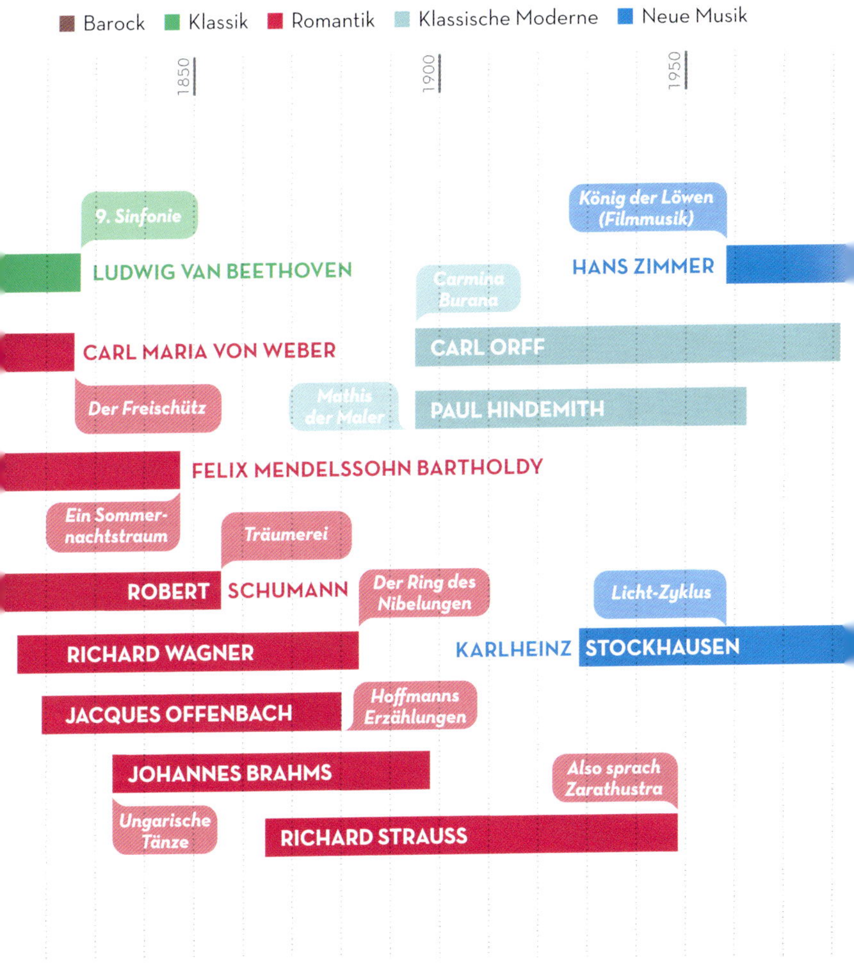
Barock
Klassik
Romantik
Klassische Moderne
Neue Musik
1850
1900
1950
9. Sinfonie
LUDWIG VAN BEETHOVEN
König der Löwen (Filmmusik)
HANS ZIMMER
Carmina Burana
CARL ORFF
CARL MARIA VON WEBER
Der Freischütz
Mathis der Maler
PAUL HINDEMITH
FELIX MENDELSSOHN BARTHOLDY
Ein Sommernachtstraum
Träumerei
ROBERT SCHUMANN
Der Ring des Nibelungen
Licht-Zyklus
RICHARD WAGNER
KARLHEINZ STOCKHAUSEN
JACQUES OFFENBACH
Hoffmanns Erzählungen
JOHANNES BRAHMS
Also sprach Zarathustra
Ungarische Tänze
RICHARD STRAUSS

73

Hits

Meistverkaufte Singles in Deutschland in Millionen Stück

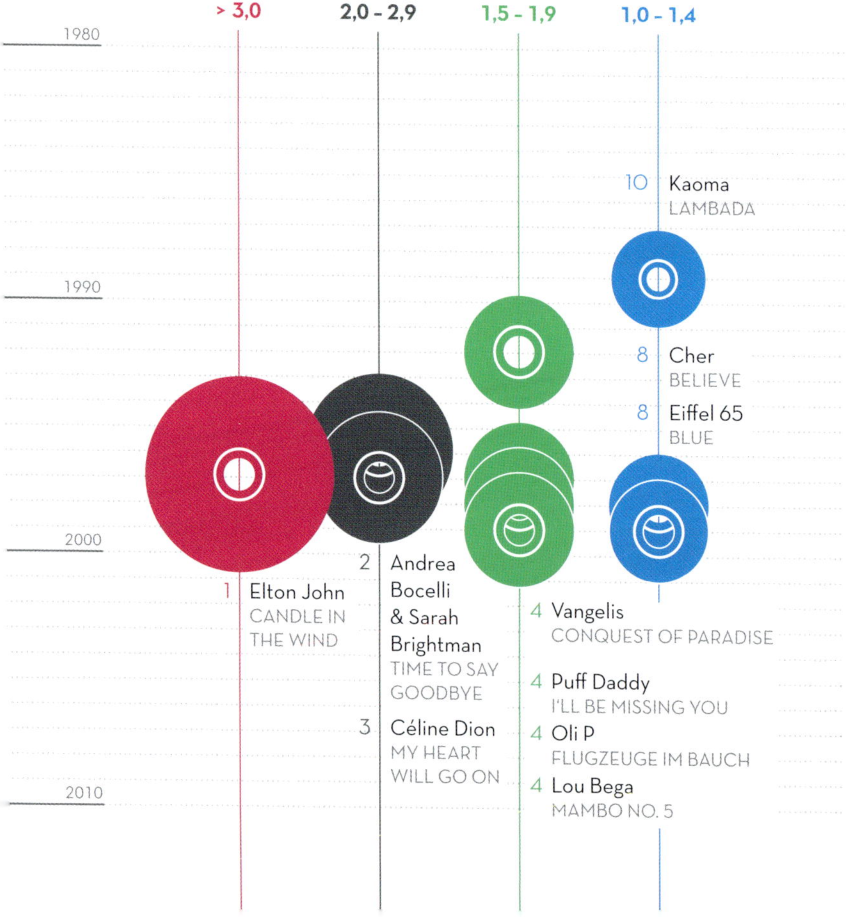

74

Hitpakete

Meistverkaufte deutsche Alben in Millionen Stück

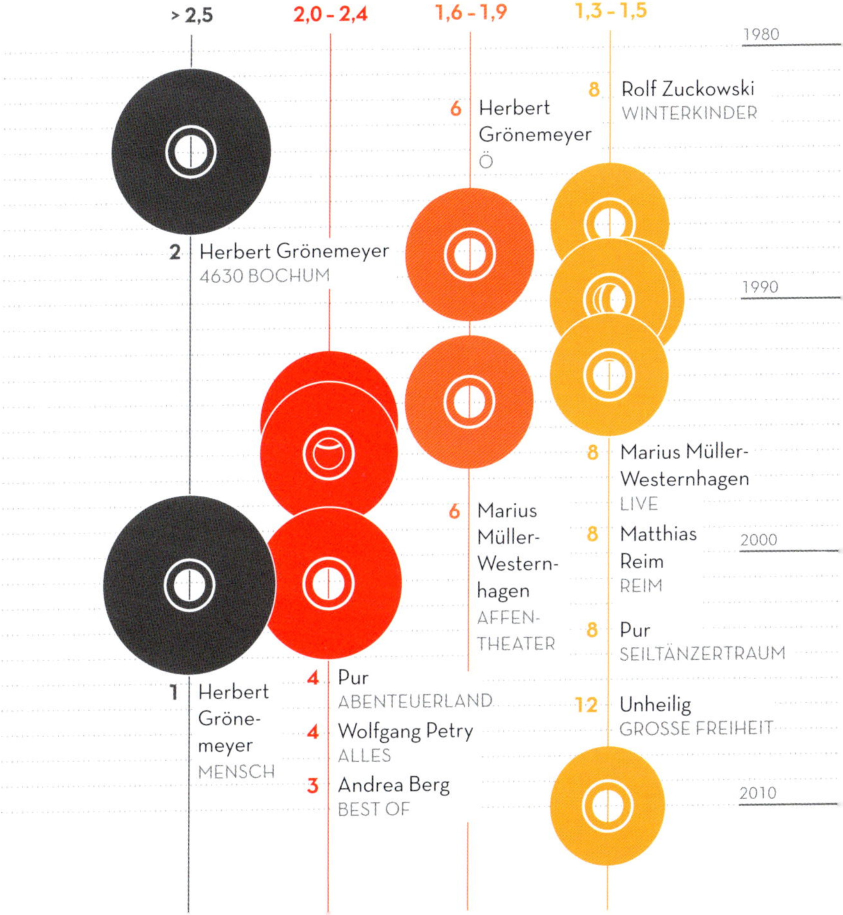

75

Hitproduzenten

Musiker, die sich am längsten in den Top 10 der deutschen Albumcharts halten konnten

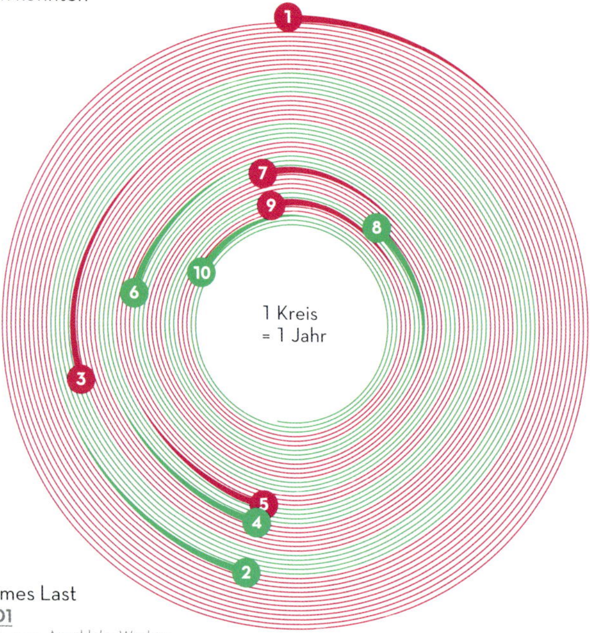

1. James Last
601
Anzahl der Wochen

2. Peter Maffay
270

3. Herbert Grönemeyer
253

4. K. Hübner und P. Hubschmidt
208

5. M. Müller-Westernhagen
168

6. Die Ärzte
165

7. BAP
164

8. Die Toten Hosen
147

9. Xavier Naidoo
144

10. Udo Lindenberg
143

76

Exportschlager

Deutsche Musiker und Produzenten, die bei Chartplatzierungen im Ausland auf Nummer 1 standen, in Wochen

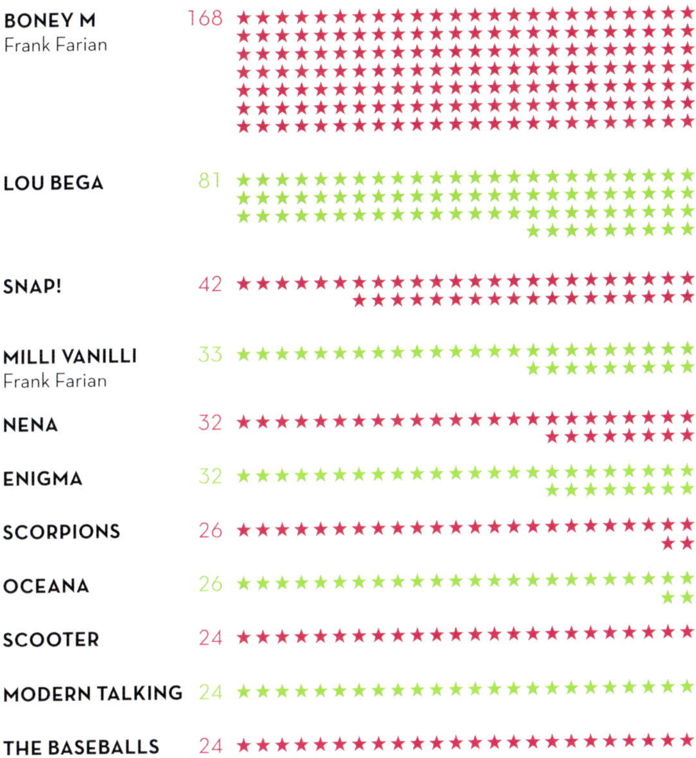

77

Humor ist ...

Beliebte Komiker und Kabarettisten laut TV-Serie „Unsere Besten“

Rate mal!

Kinder- und Comicfiguren

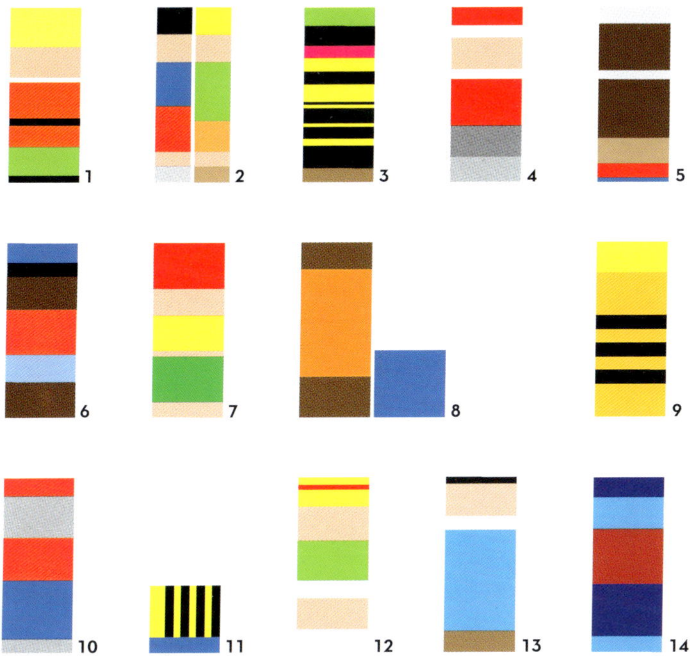

1 Von links oben nach rechts unten: Struwwelpeter, 1845 (Buch); **2** Max und Moritz, 1865 (Comic); **3** Lurchi, 1937 (Comic); **4** Sandmännchen, 1959 (TV); **5** Pittiplatsch, 1959 (TV); **6** Jim Knopf, 1960 (Buch); **7** Pumuckl, 1965 (Buch); **8** Maus, 1971 und Elefant, 1975 (TV); **9** Biene Maja, 1975 (TV); **10** Benjamin Blümchen, 1977 (Hörspiel); **11** Tigerente, 1978 (Buch); **12** Bibi Blocksberg, 1980 (Hörspiel); **13** Werner, 1981 (Comic); **14** Käpt'n Blaubär, 1991 (TV)

79

Straßenfeger

TV-Ereignisse

26. Juni 1963
John F. Kennedy: „Ich bin ein Berliner“

24. Oktober 1963
Das Wunder von Lengede

20. Juli 1969
Mondlandung

7. Dezember 1970
Willy Brandts Kniefall in Warschau

29. Juli 1981
Hochzeit von Lady Diana & Prinz Charles

9. November 1989
Fall der Berliner Mauer

8. Juli 1990
Der einsame „Kaiser“ bei der WM in Rom

11. August 1999
Die Sonnenfinsternis

19. April 2005
Joseph Kardinal Ratzinger wird Papst

Juni/Juli 2006
Fußball-WM

Juni/Juli 2014
Fußball-WM

80

Unheimlich?

Mystische Orte

81

Sonntag, 20.15 Uhr

Durchschnittliche Zuschauerzahlen von Januar 2013 bis Januar 2015 der beliebtesten „Tatort"-Ermittler in Millionen

Die erste Folge des neuen Franken-Tatorts mit den Hauptkommissaren Paula Ringelhahn und Felix Voss erreichte 12,11 Mio. Zuschauer (April 2015).

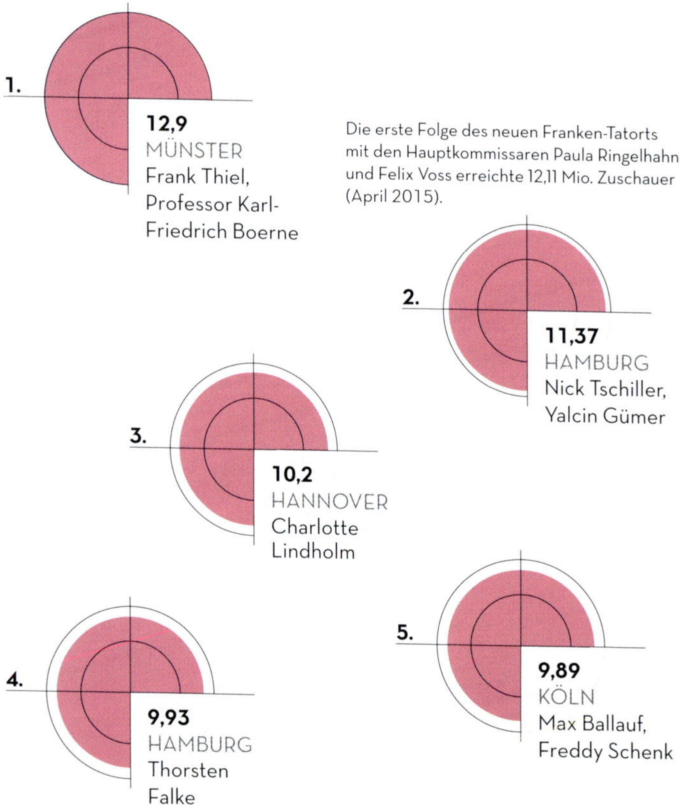

6.

9,72
KIEL
Klaus Borowski,
Sarah Brandt

7.

9,62
KONSTANZ
Klara Blum,
Kai Perlmann

8.

9,61
BERLIN*
Till Ritter,
Felix Stark

9.

9,60
LUDWIGSHAFEN
Lena Odenthal,
Mario Kopper

10.

9,46
MÜNCHEN
Franz Leitmayr,
Ivo Batic

* ab 2015 gibt es in Berlin ein neues Ermittlerduo: Nina Rubin und Robert Karow

82

The winner is ...

Insgesamt 45mal wurden Deutsche mit einem Oscar ausgezeichnet. Eine Auswahl der wichtigsten Auszeichnungen

Beste Hauptdarsteller/-in

Emil Jannings
„Sein letzter Befehl"
1929

Luise Rainer
„Der große Ziegfeld"
1937

Luise Rainer
„Die gute Erde"
1938

Beste Nebendarsteller/-in

Christoph Waltz
„Inglourious Basterds"
2010

Christoph Waltz
„Django Unchained"
2013

Beste Filmmusik

Hans Zimmer
„Der König der Löwen"
1995

Bester Dokumentarfilm

Bernhard Grzimek
„Serengeti darf nicht sterben"
1960

Beste visuelle Effekte

Volker Engel
„Independence Day"
1997

Bester fremdsprachiger Film

Volker Schlöndorff
„Die Blechtrommel"
1980

Caroline Link
„Nirgendwo in Afrika"
2003

Florian Henckel von Donnersmarck
„Das Leben der Anderen"
2007

83

Bühnenwelt

Die bekanntesten Theater

84

Medienlandschaft

Die umsatzstärksten Medienunternehmen und ihr Hauptsitz

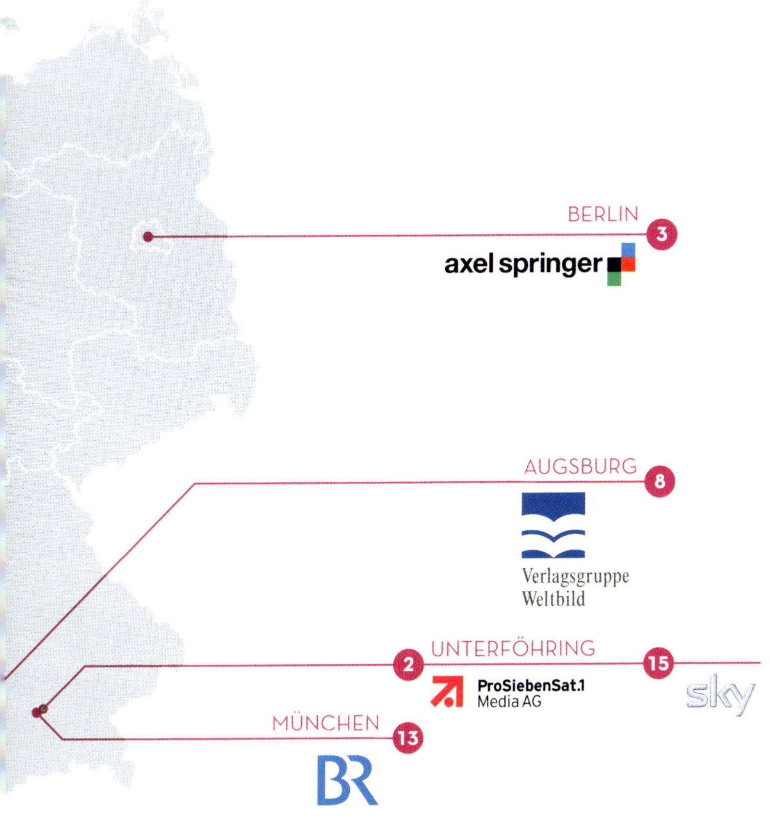
BERLIN
3
axel springer
AUGSBURG
8
Verlagsgruppe
Weltbild
UNTERFÖHRING
2
15
ProSiebenSat.1
Media AG
sky
MÜNCHEN
13
BR

85

Zebra, Giraffe & Co.

Die beliebtesten Tiergärten nach Anzahl der Besucher

* erster Zoo mit artgerechter Umgebung, ohne Gitteranlagen

86

Familienausflug

Die beliebtesten Vergnügungsparks nach Anzahl der Besucher

87

Ozapft is!

Die zehn größten Volksfeste nach Besucherzahlen

1. **Oktoberfest (Wiesn)**
   MÜNCHEN
   Dauer: 16 Tage
   Besucher 2014: 6,3 Mio.

2. **Cranger Kirmes**
   HERNE
   Dauer: 10 Tage
   Besucher 2014: 4,3 Mio.

3. **Freimarkt**
   BREMEN
   Dauer: 17 Tage
   Besucher 2014: 4,0 Mio.

4. **Cannstatter Volksfest**
   STUTTGART
   Dauer: 10 Tage
   Besucher 2014: 4,0 Mio.

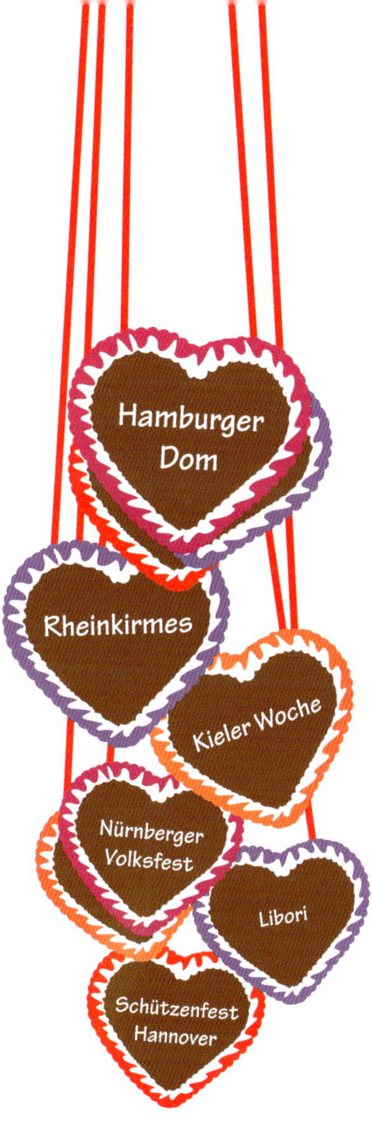

5. Hamburger Dom
HAMBURG
Dauer: jeweils 30 Tage
Frühlingsdom: 2,4 Mio. (2015)
Sommerdom: 4,0 Mio. (2014)
Winterdom 3,0 Mio. (2014)

6. Größte Kirmes am Rhein
DÜSSELDORF
Dauer: 9 Tage
Besucher 2014: 3,5 Mio.

7. Kieler Woche
KIEL
Dauer: 10 Tage
Besucher 2014: 3,5 Mio.

8. Nürnberger Volksfest
NÜRNBERG
Dauer: 16/17 Tage
Frühlingsfest: 2,0 Mio. (2015)
Herbstfest: 1,8 Mio. (2014)

9. Libori
PADERBORN
Dauer: 9 Tage
Besucher 2014: 1,8 Mio.

10. Schützenfest Hannover
HANNOVER
Dauer: 10 Tage
Besucher 2014: 1,2 Mio.

88

Apfel, Nuss & Mandelkern

Die zehn größten Weihnachtsmärkte und ihre typischen Spezialitäten

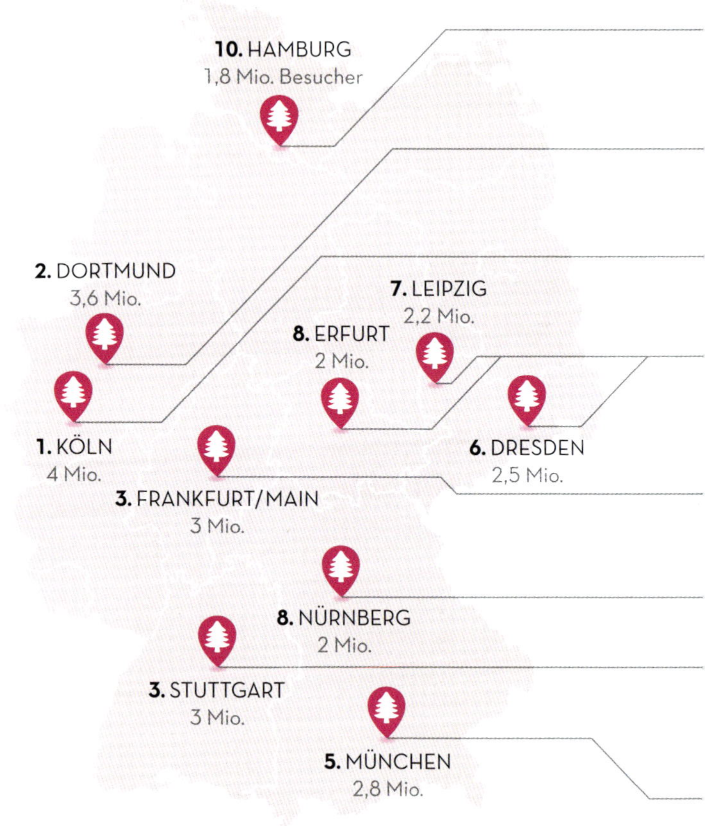

Klöben,
braune und weiße Kuchen

Weihnachtslikör

Dom-Spekulatius,
Reibekuchen

Pflaumentoffel,
Pfefferkuchen,
Christstollen

heißer Äppelwoi,
Bethmännchen

Lebkuchen

Hutzelbrot,
Springerle

Bratäpfel,
Zwetschgenmanderl,
Lebkuchenherzen,
Festbier

Sport

89

Trimm dich!

Die beliebtesten Sportarten nach Anzahl der Vereinsmitglieder

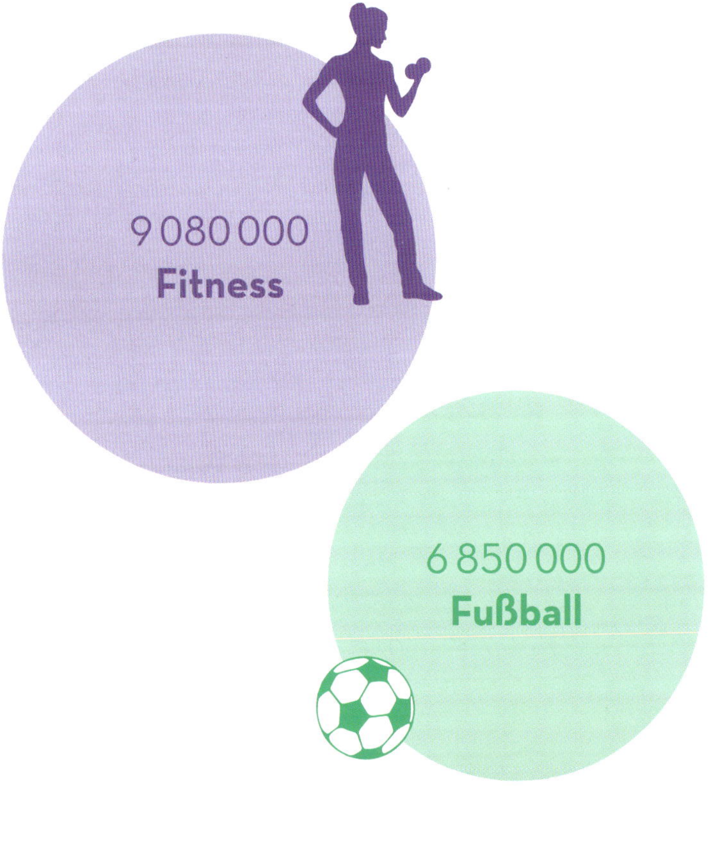

5 020 000
Turnen
1 450 000
Tennis
1 370 000
Schießen
1 010 000
Bergsteigen, Klettern, Wandern, ...
830 000
Leichtathletik
790 000
Handball
700 000
Reiten
670 000
Sportfischen
640 000
Golf
630 000
Behindertensport

90

König Fußball

Vereine in der 1. Liga der Männer – Top 18 der ewigen Tabelle

Vereine in der 1. Liga der Frauen – Top 12 der ewigen Tabelle

* Meister als FCR 2001 Duisburg

91

Goldene Kanone(n)

Top 10 der Bundesliga-Torschützen

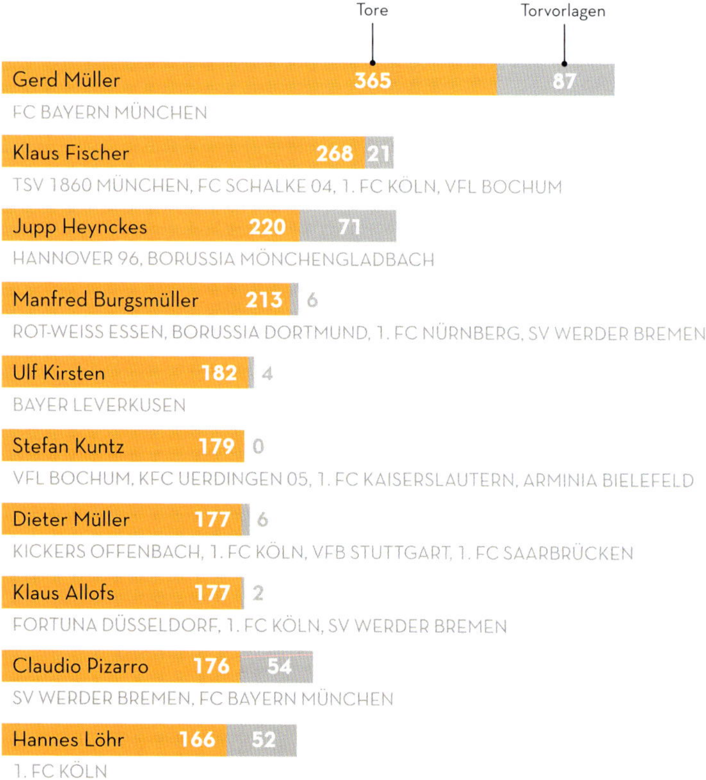

Rekordjungs

Die Fußballspieler mit den meisten Einsätzen
für die Nationalelf und die geschossenen Tore.

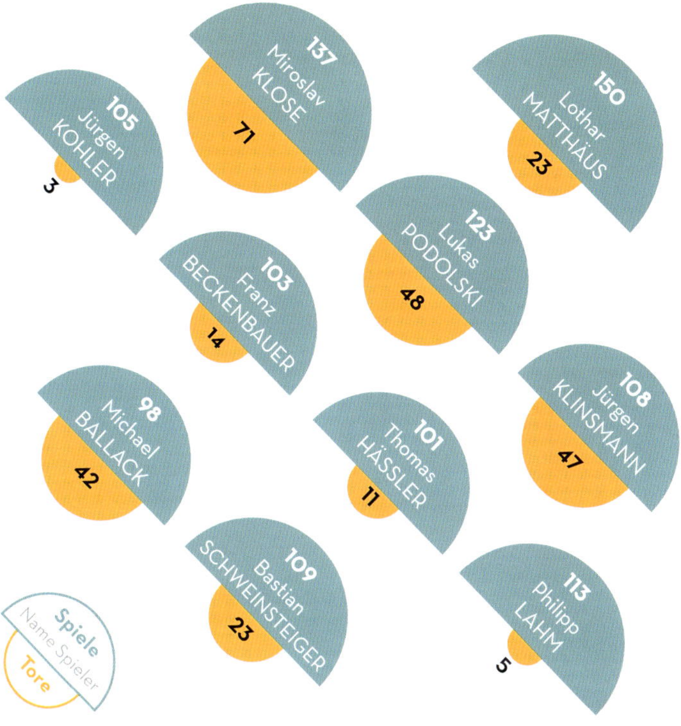

93

Lange Kerls

Vereine in der 1. Basketball-Liga der Männer – Top 18+1* der ewigen Tabelle

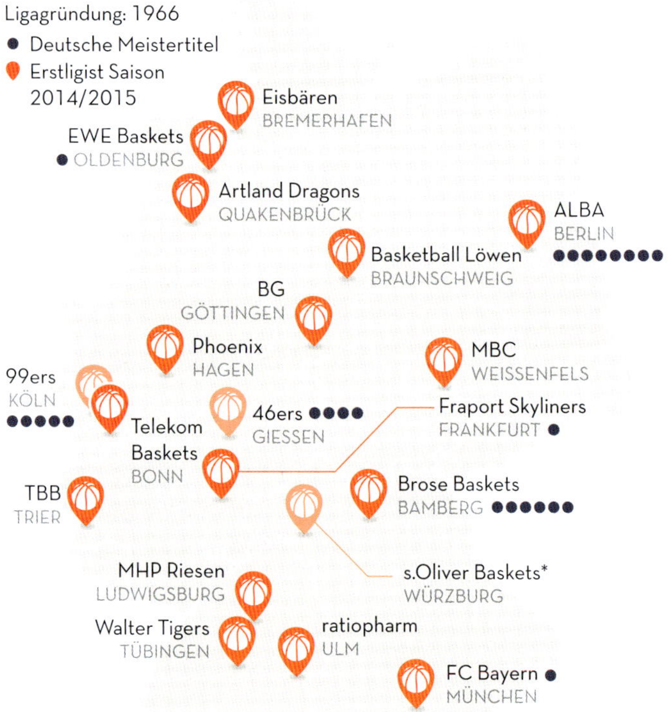

* Heimatverein von Dirk Nowitzki
** Meister als Brandt Hagen

94

Harte Jungs

Vereine in der 1. Eiskockey-Liga der Männer – Top 14 der ewigen Tabelle

Ligagründung: 1994

● Deutsche Meistertitel

Erstligist Saison 2015/2016

95

Kreisläufer

Vereine in der 1. Handball-Liga der Männer – Top 18 der ewigen Tabelle

96

Geldrangliste

Die Spitzenverdiener unter Deutschlands Sportlern (Jahreseinkommen in Mio. Euro)

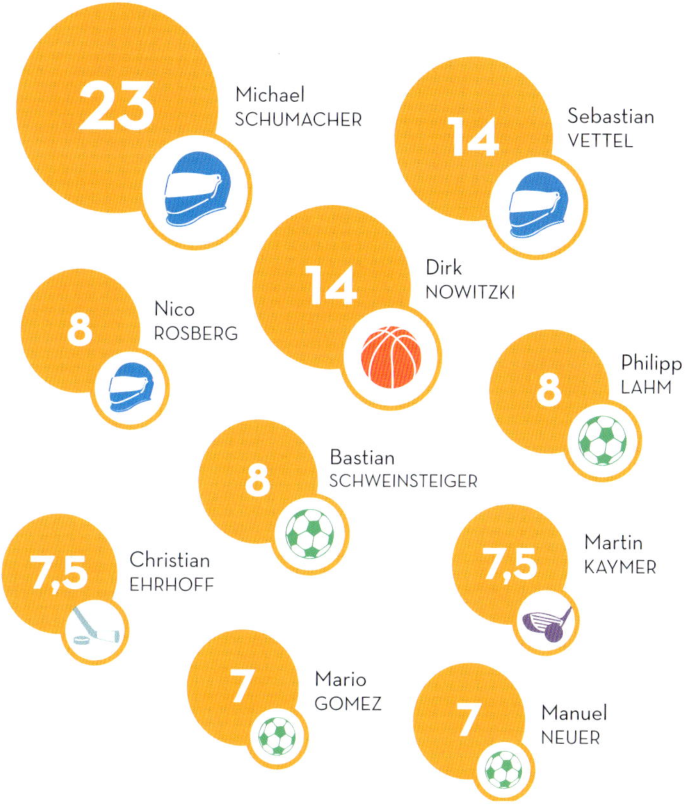

97

Gold, Silber Bronze

Die erfolgreichsten Olympiateilnehmer

GOLD · SILBER · BRONZE — Sommerspiele · Winterspiele

		Gold	Silber	Bronze	
1. Reiner Klimke	Dressurreiten	6		2	(1964-1988)
2. Hans Günter Winkler	Springreiten	5	1	1	(1956-1976)
3. Ricco Groß	Biathlon	4	3	1	(1992-2006)
4. Roland Matthes (DDR)	Schwimmen	4	2	2	(1968-1976)
4. Sven Fischer	Biathlon	4	2	2	(1992-2006)
6. Kevin Kuske	Bobfahren	4	1		(2002-2010)
6. André Lange	Bobfahren	4	1		(2002-2010)
8. Ludger Beerbaum	Springreiten	4			(1988-2000)
8. Carl Schuhmann (Dt. Reich)	Turnen, Ringen	4			(1896)
10. Michael Groß	Schwimmen	3	2	1	(1984-1988)
10. Hermann Weingärtner (Dt. Reich)	Turnen	3	2	1	(1896)

Die erfolgreichsten Olympiateilnehmerinnen

GOLD · SILBER · BRONZE — Sommerspiele · Winterspiele

1. Birgit Fischer (DDR, BRD) Kanu	●●●●●●●●	●●●●		(1980-2004)
2. Kristin Otto (DDR) Schwimmen	●●●●●●			(1988)
3. Isabell Werth Dressurreiten	●●●●●	●●●		(1992-2008)
4. Claudia Pechstein Eisschnelllauf	●●●●●	●●	●●	(1992-2006)
5. Kornelia Ender (DDR) Schwimmen	●●●●	●●●●		(1972-1976)
6. Katrin Wagner-Augustin Kanu	●●●●	●	●	(2000-2012)
7. Kathrin Boron Rudern	●●●●		●	(1992-2008)
8. Nicole Uphoff Dressurreiten	●●●●			(1988-1992)
8. Bärbel Wöckel (DDR) Leichtathletik	●●●●			(1976-1980)
10. Karin Kania-Enke (DDR) Eisschnelllauf	●●●	●●●●	●	(1980-1988)
10. Gunda Niemann-Stirnemann Eisschnelllauf	●●●	●●●●	●	(1992-1998)

Da muss ich einmal gewesen sein!

98

Erbe der Welt

Jahr der Aufnahme

1. Aachener Dom 1978
2. Dom zu Speyer 1981
3. Würzburger Residenz und Hofgarten 1981
4. Wallfahrtskirche „Die Wies" 1983
5. Schlösser Augustusburg und Falkenlust in Brühl 1984
6. Dom und Michaeliskirche in Hildesheim 1985
7. Römische Baudenkmäler, Dom, Liebfrauenkirche von Trier 1986
8. Hansestadt Lübeck 1987
9. Schlösser und Parks von Potsdam und Berlin 1990
10. Kloster Lorsch 1991
11. Bergwerk Rammelsberg und Altstadt von Goslar 1992, sowie Oberharzer Wasserregal 2010
12. Altstadt von Bamberg 1993
13. Klosteranlage Maulbronn 1993
14. Stiftskirche, Schloss und Altstadt von Quedlinburg 1994
15. Völklinger Hütte 1994
16. Grube Messel 1995
17. Kölner Dom 1996
18. Das Bauhaus und seine Stätten in Weimar und Dessau 1996
19. Luthergedenkstätten in Eisleben und Wittenberg 1996
20. Klassisches Weimar 1998
21. Wartburg 1999
22. Museumsinsel Berlin 1999
23. Gartenreich Dessau-Wörlitz 2000
24. Klosterinsel Reichenau 2000
25. Industriekomplex Zeche Zollverein in Essen 2001
26. Altstädte von Stralsund und Wismar 2002
27. Oberes Mittelrheintal 2002
28. Rathaus und Roland in Bremen 2004
29. Muskauer Park 2004
30. Grenzen des Römischen Reiches: Obergermanisch-raetischer Limes 2005
31. Altstadt von Regensburg mit Stadtamhof 2006
32. Alte Buchenwälder 2007
33. Siedlungen der Berliner Moderne 2008
34. Wattenmeer 2009
35. Fagus-Werk in Alfeld 2011
36. Prähistorische Pfahlbauten um die Alpen 2011
37. Opernhaus Bayreuth 2012
38. Bergpark Wilhelmshöhe 2013
39. Karolingisches Westwerk und Civitas Corvey 2014

Welterbestätten
Kulturdenkmäler
Naturdenkmäler

99

Raus & Los

Beliebteste Urlaubsziele nach jährlichen Besuchern

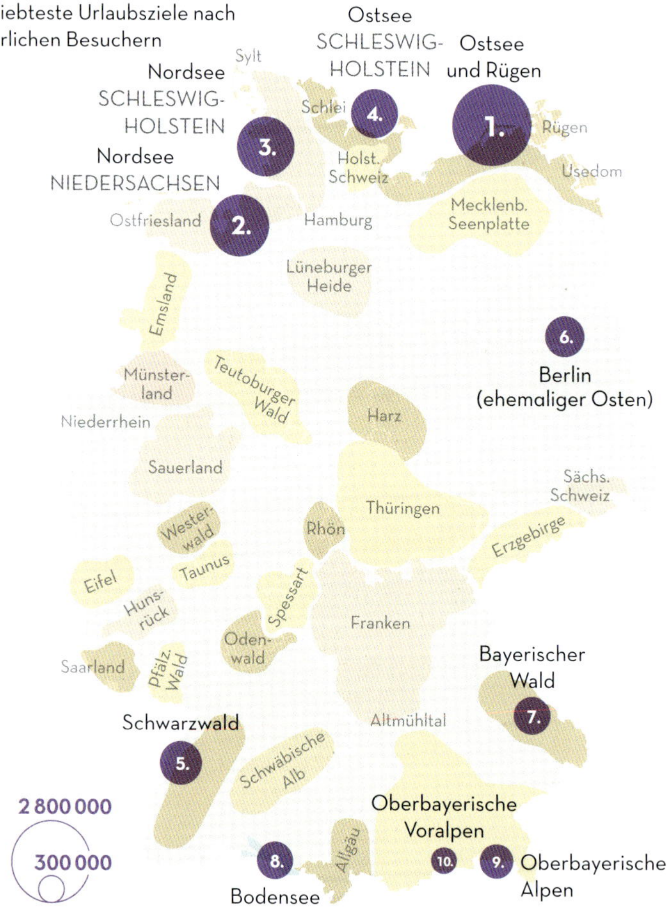

100

Deutsche Favoriten

Beliebte Sehenswürdigkeiten

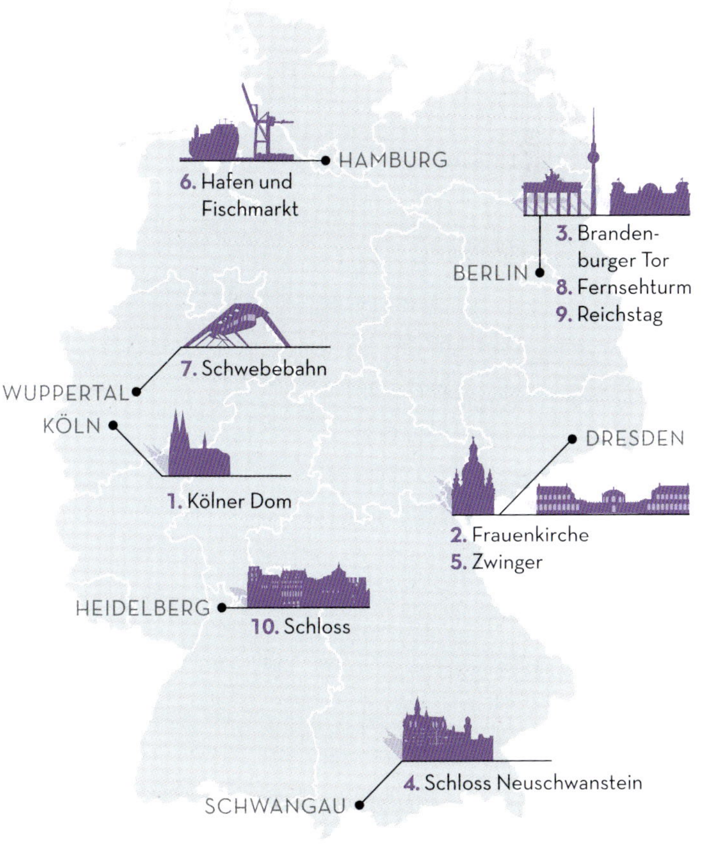

+1

Nomen est omen?

Witzige Ortsnamen

QUELLEN

1 Deutscher Bundestag
2 flaggenkunde.de
3 Bundesregierung, Bundesministerium des Inneren
4 mittelpunkt-deutschlands.de; der Geografische Mittelpunkt kann nach unterschiedlichen Methoden bestimmt werden
6 Wikipedia (Stand 2013)
10 Statistisches Bundesamt, Bundesamt für Seeschifffahrt und Hydrographie
11 statistik-portal.de
12 Bundesministerium für Ernährung, Landwirtschaft und Verbraucherschutz, Nationale Koordinationsstelle Tourismus
13 baumkunde.de, waechtershaeuser.de
14 Naturschutzbund Deutschland, Broschüre: Deutscher Jagdschutz-Verband e.V. und seine Landesjagdverbände
15 skyscraperpage.com
16 Wikipedia
17 leuchtturm-atlas.de, Wikipedia
18 Wikipedia
19 brueckenweb.de, Wikipedia
21 Webpräsenz der Stadien
22 Webpräsenz der Konzerthallen
24 regionalgeschichte.net, Wikipedia
25 Bundeszentrale f. polit. Bildung
29 Der Bundespräsident (2015)
30 Die Bundeskanzlerin (2015)
31 bundeshaushalt-info.de Bundesfinanzministerium (2015)
33 Deutsche Bundesbank, Statistisches Bundesamt, Bund der Steuerzahler Deutschland e.V., Statista
34 Webpräsenz der Einrichtungen
35 Bundesnachrichtendienst, Amt für den Militärischen Abschirmdienst, Bundesamt für Verfassungsschutz, Webpräsenzen der Landesämter für Verfassungsschutz
36 Prof. Dr. Oskar Niedermayer, Otto-Stammer-Zentrum, Freie Universität Berlin (polsoz.fu-berlin.de), Statista
37 Webpräsenzen der Verbände, Vereine und Stiftungen & Wikipedia
38 Statistisches Bundesamt (2013)
39 Statistisches Bundesamt (2012)
40 Bundesministerium des Innern (2014)
41 Statistisches Bundesamt (2012)
44 Wikipedia
45 Deutsches Zentrum für Luft- und Raumfahrt
46 Wikipedia
47 Statista (2015)
48 Statista (2015)
49 Eurostat (2013)
51 Bundesnetzagentur
52 autokennzeichen.info, Wikipedia
53 autobahnatlas-online.de, Wikipedia
54 Deutsche Bahn 2012
55 Statistisches Bundesamt (2012) (letzte Schätzung der Gemeindestraßen 1993)
56 Arbeitsgemeinschaft Deutscher Verkehrsflughäfen (2012)
57 gfds.de
58 gfds.de
59 hoeckmann.de
60 REMID (2012)
61 Bundesministerium des Inneren
62 ZiviZ – Zivilgesellschaft in Zahlen (2013)
63 hundeseite.de
64 Wikipedia (Stand September 2013), dfg.de, stifterverband.org
65 inside-getraenke.de (2012)
66 ladenzeile.de (2011/2012)
67 Deutsches Weininstitut (2011)
68 ARD-Buffet 2011
69 Zentralv. d. Deuts. Bäckerhandwerks e.V. (2012) nach Angaben der GfK

73 Wikipedia (Stand August 2013)
74 Wikipedia (Stand August 2013)
75 Wikipedia (Stand August 2013)
76 Wikipedia (Stand August 2013)
77 Fernsehreihe „Unsere Besten“ 27.4.2007
79 Fernsehreihe „Unsere Besten“ 26.4.2008
81 Statista, ard.de
82 Wikipedia (2013)
84 Deutsche Post, DHL, Horizonte (2010)
85 zoodirektoren.de (2014)
86 Webpräsenzen der Freizeitparks (2012)
87 Webpräsenz der Feste und Festivals
88 Wirtschaftswoche, Nr. 48, 26.11.2012 (Daten 2011)
89 Statista (2014)
90 bundesliga.de, Wikipedia
91 fussballdaten.de
92 transfermarkt.de
93 Wikipedia, sportdaten.bild.de
94 del.org, Wikipedia
95 bundesligainfo.de, Wikipedia
96 focus.de (10.01.2013)
97 olympia-lexikon.de (2013), Wikipedia
98 UNESCO
99 Forschungsgemeinschaft Urlaub und Reisen 2012
100 Deutsche Zentrale für Tourismus 2012
+1 IN GRAPHICS MAGAZIN VOL. 3

Die Behandlung einzelner Themen ist zum Teil eine subjektive Zusammenstellung, da eine eindeutige Gliederung, Hierarchie oder Sammlung oft nicht gegeben ist oder nur schwer nach objektiven Gesichtspunkten erfolgen kann.

IMPRESSUM

MAIRDUMONT GmbH & Co KG –
VERLAG KARL BAEDEKER

Idee & Konzept: Jan Schwochow, Golden Section Graphics GmbH
Redaktion & Gestaltung: Golden Section Graphics GmbH
Chefredaktion: Rainer Eisenschmid (Baedeker) und Jan Schwochow
Lektorat: Michaela Harnisch

2. Auflage 2015

www.baedeker.com

Printed in China